Und dein Herr hat gesagt: Ruft mich an, und ich werde euch antworten. [Koran 40:60]

200 DUAS

AUS DEM KORAN UND AUTHENTISCHEN HADITHEN

Komplette Sammlung für jeden Lebensbereich

Arabisch - Lautschrift - Deutsche Übersetzung

ISBN : 9789983979077.

INHALTSVERZEICHNIS

Und wenn Meine Diener dich nach Mir fragen [Oh Muhammad], dann bin Ich in der Tat nah. Ich antworte dem Ruf desjenigen, der Mich anruft, wenn er Mich anruft. So sollen sie Meinem Ruf folgen und an Mich glauben, damit sie rechtgeleitet werden. [Koran 2:186]

Was ist die Dua?

Die Dua (Bittgebet) ist einer der schönsten und tiefsten Aspekte der Anbetung. Es ist ein direkter Kanal und ein mächtiges Mittel, um mit unserem Schöpfer zu kommunizieren, der immer gegenwärtig, immer aufmerksam und stets bereit ist zu antworten.

Der Prophet Muhammad (ﷺ) betonte die Bedeutung der Dua, indem er sagte: „Die Dua ist selbst ein Akt der Anbetung." Er veranschaulichte dies, indem er den Vers rezitierte: „Dein Herr sagt: ‚Ruft Mich an, und Ich werde euch antworten. Wahrlich, diejenigen, die Meine Anbetung verachten, werden demütigend in die Hölle eintreten.'" [Koran, 40:60] [Tirmidhi].

Durch die Dua wenden wir uns an Allah (ﷻ), um unsere tiefsten Gedanken, Bedürfnisse, Hoffnungen und unsere Dankbarkeit auszudrücken. Sie kann jederzeit, überall und in allen Lebenssituationen verrichtet werden, sei es in Momenten der Freude, der Schwierigkeiten oder der Traurigkeit. Es ist ein Moment, in dem sich ein Gläubiger demütig an seinen Schöpfer wendet und Seine Größe und Fähigkeit, alles zu vollbringen, anerkennt. Die Dua ist ein Ausdruck von Glaube, Vertrauen und Abhängigkeit von Allah (ﷻ).

Der Prophet Muhammad (ﷺ) betonte die Bedeutung der Dua und lehrte, dass Allah (ﷻ) es liebt, wenn man Ihn bittet, und nichts ehrenhafter findet als einen Gläubigen, der sich an Ihn wendet. Allah (ﷻ) beantwortet jede Dua mit einer Weisheit, die sich entweder in sofortiger Erfüllung, in Verzögerung für einen besseren Zeitpunkt oder im Austausch für etwas Größeres widerspiegelt.

Eine Dua kann für sich selbst, für die Familie, Freunde, Fremde, Menschen, die große Prüfungen durchmachen, für die Gläubigen oder sogar für die gesamte Menschheit gemacht werden. Der Gläubige kann in seinen Duas sowohl die guten Dinge in diesem Leben als auch die des Jenseits erbitten. Die Person, die Duas macht, sollte sich nicht zurückhalten und sich frei fühlen, Allah (ﷻ) um alles zu bitten, was sie sich wünscht, sei es etwas Kleines oder Bedeutsames.

Der Verdienst des Bittgebets (Dua)

Obwohl das Verrichten von Duas nicht verpflichtend ist, gibt es zahlreiche Vorteile, Gott häufig in völliger Hingabe anzurufen. Ein aufrichtiges Dua bringt einen näher zu Gott, stärkt den Glauben, bringt Hoffnung und Erleichterung in Zeiten der Not, bewahrt den Bittenden vor unerträglichen Gefühlen der Verzweiflung und Isolation und drückt die Dankbarkeit gegenüber Allah für all die schönen Segnungen aus, die wir jeden Tag genießen.

Im gesamten Koran lädt Gott die Gläubigen ein, Ihn anzurufen, ihre Träume, Hoffnungen, Ängste und Unsicherheiten mit Ihm zu teilen, und versichert ihnen, dass Er alles hört, was sie Ihm anvertrauen.

Der Prophet (ﷺ) sagte, dass Allah, der Allmächtige und Glorreiche, erklärte: „Ich bin nahe bei den Gedanken Meines Dieners, wenn er an Mich denkt, und Ich bin bei ihm, wenn er Meiner gedenkt. Und wenn er Meiner in seinem Herzen gedenkt, denke Ich auch in Meinem Herzen an ihn, und wenn er Meiner in einer Versammlung gedenkt, gedenke Ich seiner in einer besseren Versammlung als der seinen. Und wenn er sich Mir um eine Handbreite nähert, nähere Ich Mich ihm um eine Elle, und wenn er sich Mir um eine Elle nähert, nähere Ich Mich ihm um eine Armeslänge. Und wenn er auf Mich zugeht, eile Ich ihm entgegen." [Muslim, Buch 035, Nummer 6471]

„So gedenkt Meiner, und Ich werde eurer gedenken. Seid Mir gegenüber dankbar und lehnt den Glauben nicht ab." [Koran: 2:152]

„Diejenigen, die glauben und deren Herzen im Gedenken an Allah Ruhe finden, denn ohne Zweifel, im Gedenken an Allah finden die Herzen Ruhe." [Koran: 13:28]

Die besten Zeiten, um Duas zu verrichten

Es gibt bestimmte Zeiten, in denen die Dua eher von Allah (ﷻ) angenommen wird, wie der Prophet Muhammad (ﷺ) erwähnt hat. Einige dieser Zeiten sind die folgenden:

1. Das letzte Drittel der Nacht

Der Prophet (ﷺ) sagte: „Wenn das letzte Drittel der Nacht kommt, steigt Allah (ﷻ), der Gesegnete, der Erhabene, jede Nacht in den Himmel der Welt herab und sagt: 'Gibt es jemanden, der Mich anruft (etwas von Mir erbitten möchte), damit Ich seinem Gebet antworte? Gibt es jemanden, der Mich um etwas bittet, damit Ich es ihm gewähre? Gibt es jemanden, der Mich um Vergebung bittet, damit Ich ihm vergebe?'" [Bukhari, Band 8, Buch 75, Nummer 333]

2. 2. Eine Stunde am Freitag

Der Prophet (ﷺ) sagte: „Am Freitag gibt es einen bestimmten Moment. Wenn ein Muslim während dieses Moments betet und Allah um etwas Gutes bittet, wird Allah sicherlich auf seine Bitte antworten." Der Prophet (ﷺ) zeigte dies mit seiner Hand an. Wir dachten, dass er zeigen wollte, wie kurz dieser Moment ist. [Bukhari, Band 8, Buch 75, Nummer 409]

Der Prophet (ﷺ) sagte: „Sucht den Moment am Freitag, in dem Hoffnung besteht, nach dem Nachmittagsgebet bis zum Sonnenuntergang." [Al-Tirmidhi Hadith 1360]

3. Dua während des Monats Ramadan, insbesondere in der Nacht von Al-Qadr (Bestimmung)

Diese Nacht im Ramadan ist die bedeutendste Nacht des Jahres. Allah, der Allmächtige, sagte über sie: „Die Nacht von Al-Qadr (Bestimmung) ist besser als tausend Monate." [Koran 97:3]

4. Die Dua eines Muslims für seinen Bruder oder seine Schwester im Glauben

Der Prophet (ﷺ) sagte: „Wer ein Bittgebet für seinen Bruder in seiner Abwesenheit (hinter seinem Rücken) spricht, dem sagt der Engel, der für die Übermittlung der Dua an seinen Herrn zuständig ist: Ameen, und dasselbe gilt auch für dich." [Muslim, Buch 035, Nummer 658]

5. Die Dua eines Reisenden und eines Elternteils

Der Prophet (ﷺ) sagte: „Drei Duas werden ohne Zweifel angenommen: die eines Vaters, die eines Reisenden und die einer Person, der Unrecht widerfahren ist." [Abu Dawud, Buch 8, Nummer 1531]

Warum ist es wichtig, die Duas aus dem Koran und der Sunnah zu verwenden?

Obwohl wir frei sind, unsere Duas in der Sprache und mit den Worten unserer Wahl zu formulieren, wird dringend empfohlen, Bittgebete aus dem Koran und der Sunnah (die Lehren und Praktiken des Propheten Muhammad (ﷺ)) einzubeziehen. Diese Duas sind aus mehreren Gründen besonders wertvoll.

Die Duas aus dem Koran und der Sunnah sind tief in der islamischen Tradition verankert. Sie wurden entweder von Allah (ﷻ) offenbart oder vom Propheten gelehrt, was ihnen eine besondere spirituelle Bedeutung und Gewichtung verleiht. Die Verwendung dieser Bittgebete folgt nicht nur dem prophetischen Vorbild, sondern stellt auch sicher, dass unsere Gebete im Einklang mit den göttlich vorgeschriebenen Gebeten stehen.

Diese Duas sind auch reich an Bedeutung und Weisheit. In wenigen Worten umfassen sie vollständige und tiefgründige Bitten, sei es um Segen in dieser Welt und im Jenseits, um Schutz vor dem Bösen, um Führung oder um Vergebung. Zum Beispiel umfasst das Dua „Rabbana atina fid-dunya hasanatan wa fil-akhirati hasanatan wa qina 'adhaban-nar" (Unser Herr, gewähre uns Gutes in dieser Welt und Gutes im Jenseits und bewahre uns vor der Strafe des Feuers) zahlreiche Bitten um Segen in einer prägnanten und kraftvollen Weise.

Durch die Einbeziehung dieser Duas profitieren wir von einer perfekten Formulierung, die sowohl prägnant als auch tiefgründig ist – etwas, das wir vielleicht nicht so vollständig mit unseren eigenen Worten hätten ausdrücken können. Darüber hinaus wurden diese Bittgebete für die Propheten und frommen Vorgänger erhört, und indem wir sie wiederholen, hoffen wir, dass sie auch für uns erhört werden.

Duas, um Allah (ﷻ) zu loben

In vielen Beispielen von Duas, die vom Propheten Muhammad (ﷺ) und anderen Propheten, wie sie im Koran offenbart wurden, gesprochen wurden, finden wir oft, dass sie mit der Verherrlichung Allahs (ﷻ) beginnen.

Einmal hörte der Prophet (ﷺ) einen Mann, der in seinem Gebet eine Bitte vortrug, ohne Segenswünsche auf den Propheten (ﷺ) zu senden. Der Prophet (ﷺ) sagte: „Dieser Mann hat es eilig gehabt." Dann rief der Prophet (ﷺ) ihn und sagte zu ihm oder zu einer anderen Person: „Wenn einer von euch betet, soll er damit beginnen, Allah zu loben und Ihn zu verherrlichen, dann soll er Segenswünsche auf den Propheten (ﷺ) senden, und danach soll er um das bitten, was er möchte." [Jami' At-Tirmidhi]

Diese Praxis unterstreicht die Bedeutung, die Majestät und die Attribute Allahs anzuerkennen, bevor man eine Bitte äußert. Indem wir mit dem Lobpreis beginnen, drücken wir unseren tiefen Respekt und unsere Anerkennung für die Größe, Weisheit und Barmherzigkeit Allahs aus.

Dieser Ansatz ehrt nicht nur Allah, sondern bereitet auch unsere Herzen und Gedanken auf ein aufrichtiges Bittgebet vor und fördert eine tiefere und bedeutungsvollere Verbindung mit Ihm (ﷻ). Hier sind einige dieser Duas:

اللَّهُمَّ أَنْتَ السَّلاَمُ وَمِنْكَ السَّلاَمُ تَبَارَكْتَ يَا ذَا الْجَلاَلِ وَالإِكْرَامِ.

Allahumma anta as-salam wa-minka as-salam tabarakta ya dha al-jalali wa-al-ikram.

„O Allah, Du bist der Frieden, und von Dir kommt der Frieden. Gesegnet seist Du, o Inhaber von Majestät und Großzügigkeit."

سُبْـحَانَ اللهِ وَبِحَمْدِهِ سُبْـحَانَ اللهِ العَظِيمِ.

Subhaanal-laahi wa bihamdihi, Subhaanal-laahil-'Adheem.

„Preis sei Allah und Lob gebührt Ihm. Preis sei Allah, dem Allmächtigen." [Bukhari 7:168]

سُبْحَانَ اللهِ، والحَمْدُ للهِ، وَ لاَ إِلَهَ إِلاَّ اللهُ واللهُ أَكْبَرُ.

Subhaanallaahi, walhamdu lillaahi, wa laa 'ilaaha 'illallaahu, wallaahu 'Akbar.

„Preis sei Allah, Lob gebührt Allah, es gibt keine Gottheit außer Allah, und Allah ist der Größte." [At-Tirmidhi: 3509]

لا إلَهَ إلَّا اللهُ وَحْدَهُ لاَ شَرِيكَ لَهُ، لَهُ الْمُلْكُ، وَلَهُ الْحَمْدُ، وَهُوَ عَلَى كُلِّ شَيْءٍ قَدِيرٌ. اللَّهُمَّ لاَ مَانِعَ لِمَا أَعْطَيْتَ، وَلاَ مُعْطِيَ لِمَا مَنَعْتَ، وَلاَ يَنْفَعُ ذَا الْجَدِّ مِنْكَ الْجَدُّ.

La ilaha illa Allah wahdahu lq sharika lahu, lahu al-mulku, walahu al-hamdu, wa-huwa ‘ala kulli shay'in qadir. Allahumma la mani‘a lima a‘tayta, wa-la mu‘tiya lima mana‘ta, wa-la yanfa‘u dha al-jaddi minka al-jaddu.

„Es gibt keine Gottheit außer Allah, Einzig, ohne Partner. Ihm gehört das Königreich, und Ihm gebührt das Lob, und Er ist zu allem fähig. O Allah, es gibt niemanden, der das, was Du gibst, verhindern kann, und niemanden, der das, was Du verhinderst, geben kann, und Reichtum nützt nichts gegen Deinen Willen." [Ibn Habaan 1905]

اللَّهُمَّ مَالِكَ الْمُلْكِ تُؤْتِي الْمُلْكَ مَنْ تَشَاءُ وَتَنْزِعُ الْمُلْكَ مِمَّنْ تَشَاءُ وَتُعِزُّ مَنْ تَشَاءُ وَتُذِلُّ مَنْ تَشَاءُ بِيَدِكَ الْخَيْرُ إِنَّكَ عَلَى كُلِّ شَيْءٍ قَدِيرٌ، تُولِجُ اللَّيْلَ فِي النَّهَارِ وَتُولِجُ النَّهَارَ فِي اللَّيْلِ وَتُخْرِجُ الْحَيَّ مِنَ الْمَيِّتِ وَتُخْرِجُ الْمَيِّتَ مِنَ الْحَيِّ وَتَرْزُقُ مَنْ تَشَاءُ بِغَيْرِ حِسَابٍ.

Allahumma malika almulkitu/tee almulka man tashao watanzi'u almulka mimman tashaowatu'izzu man tashao watuthillu man tashaobiyadika alkhayru innaka ‘ala kulli shay-in qadeer. Tooliju allayla fee annahariwatooliju annahara fee allayli watukhriju alhayyamina almayyiti watukhriju almayyita mina alhayyi watarzuquman tashao bighayri hisab.

„O Allah, Besitzer des Königreichs, Du gibst das Königreich, wem Du willst, und Du ziehst es ab, wem Du willst. Du verleihst Ehre, wem Du willst, und erniedrigst, wen Du willst. In Deiner Hand liegt das Gute. Wahrlich, Du bist zu allem fähig. Du lässt die Nacht in den Tag eintreten, und Du lässt den

Tag in die Nacht eintreten (d.h. die Zunahme und Abnahme der Stunden von Nacht und Tag im Winter und Sommer). Du lässt den Lebenden aus dem Toten hervorgehen und den Toten aus dem Lebenden. Und Du gibst Reichtum und Lebensunterhalt, wem Du willst, ohne Maß." [Koran 3:26-27]

هُوَ اللَّهُ الَّذِي لَا إِلَهَ إِلَّا هُوَ عَالِمُ الْغَيْبِ وَالشَّهَادَةِ هُوَ الرَّحْمَنُ الرَّحِيمُ هُوَ اللَّهُ الَّذِي لَا إِلَهَ إِلَّا هُوَ الْمَلِكُ الْقُدُّوسُ السَّلَامُ الْمُؤْمِنُ الْمُهَيْمِنُ الْعَزِيزُ الْجَبَّارُ الْمُتَكَبِّرُ سُبْحَانَ اللَّهِ عَمَّا يُشْرِكُونَ هُوَ اللَّهُ الْخَالِقُ الْبَارِئُ الْمُصَوِّرُ لَهُ الْأَسْمَاءُ الْحُسْنَىٰ يُسَبِّحُ لَهُ مَا فِي السَّمَاوَاتِ وَالْأَرْضِ وَهُوَ الْعَزِيزُ الْحَكِيمُ.

Huwa Allahu alladhi la ilaha illa huwa ʿalimu al-ghaybi wa-al-shahadah huwa al-Rahman al-Rahim. Huwa Allahu alladhi la ilaha illa huwa al-Malik al-Quddus al-Salam al-Muʾmin al-Muhaymin al-ʿAzīz al-Jabbar al-Mutakabbir subana Allahi ʿamma yushrikun. Huwa Allahu al-Khaliq al-Bariʾ al-Musawwir lahu al-asmaʾ al-husna yusabbihu lahu ma fi al-samawati wa-al-ard wa-huwa al-ʿAziz al-Hakim.

„Er ist Allah, es gibt keine Gottheit außer Ihm, Der das Unsichtbare und das Sichtbare kennt. Er ist der Allbarmherzige, der Sehr Barmherzige. Er ist Allah, es gibt keine Gottheit außer Ihm, der König, der Reine, der Frieden, der Treue, der Überwacher, der Mächtige, der Zwangshaber, der Erhabene. Preis sei Allah, über das, was sie Ihm beigesellen. Er ist Allah, der Schöpfer, Der formt, Der die Gestalt gibt. Ihm gehören die schönsten Namen. Alles, was im Himmel und auf der Erde ist, preist Ihn, und Er ist der Allmächtige, der Weise." [Koran 59:22-24]

رَبَّنَآ إِنَّكَ تَعْلَمُ مَا نُخْفِي وَمَا نُعْلِنُ وَمَا يَخْفَىٰ عَلَى ٱللَّهِ مِن شَيْءٍ فِي ٱلْأَرْضِ وَلَا فِى ٱلسَّمَآءِ .

Rabbanaaa innaka ta'lamu maa nukhfee wa maa nu'lin; wa maa yakhfaa 'alal laahi min shai'in fil ardi wa laa fis samaaa.

„O unser Herr, Du weißt, was wir verbergen und was wir offenlegen. Und nichts entgeht Allah, weder auf der Erde noch im Himmel." [Koran 14:38]

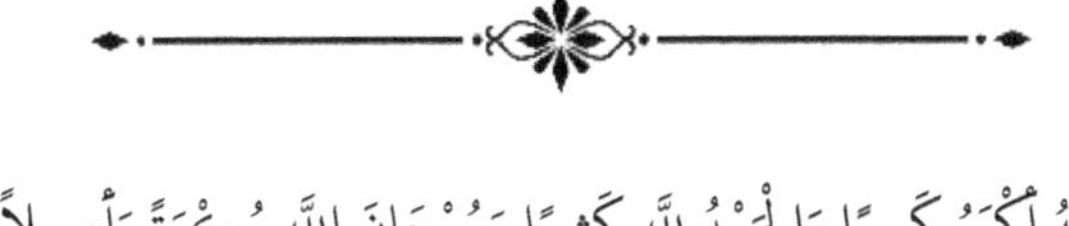

اللَّهُ أَكْبَرُ كَبِيرًا وَالْحَمْدُ لِلَّهِ كَثِيرًا وَسُبْحَانَ اللَّهِ بُكْرَةً وَأَصِيلاً .

Allahu Akbaru kabeera, wal-hamdu Lillahi katheera, wa Subhan-Allahi bukratan was asila

„Allah ist der Größte, unermesslich. Lob sei Allah in Fülle. Preis sei Allah morgens und abends." [Sahih Muslim 601, Sunan an-Nasa'i 886, At-Tirmidhi 223]

سُبْحَانَكَ اللَّهُمَّ وَبِحَمْدِكَ، وَتَبَارَكَ اسْمُكَ، وَتَعَالَى جَدُّكَ وَلَا إِلَهَ غَيْرُكَ .

Subhanakal-lahumma wa bi-hamdik, wa tabarakas-muka wa ta'ala jadduk, wa la ilaha ghayruk.

„Preis sei Dir, o Allah, und Lob gebührt Dir. Dein Name ist gesegnet, Deine Majestät ist erhaben, und es gibt keine andere Gottheit außer Dir." [Rapporté par Abu Dawood, no. 775 & 776. Sahih Muslim, no. 399]

إِنَّمَا أَمْرُهُ إِذَا أَرَادَ شَيْئًا أَن يَقُولَ لَهُ كُن فَيَكُونُ

Innama amruhu idha arada shay'an an yaqula lahu kun fayakun.

„Sein Befehl, wenn Er etwas will, ist nur zu sagen: Sei, und es ist." [Koran 36:82]

اللَّهُمَّ إِنِّي أَسْأَلُكَ بِأَنَّ لَكَ الْحَمْدَ لاَ إِلَهَ إِلاَّ أَنْتَ وَحْدَكَ لاَ شَرِيكَ لَكَ الْمَنَّانُ بَدِيعُ السَّمَوَاتِ وَالْأَرْضِ، يَا ذُو الْجَلاَلِ وَالإِكْرَامِ، يَا حَيُّ يَا قَيُّومُ.

Allahumma inni as'aluka bi-anna lakal-hamd. La ilaha illa Anta, wahdaka la sharika laka. Al-Mannanu, Badi'us-samawati wal-ard, Ya Dhal-jalali wal-ikram, Ya Hayyu Ya Qayyum

„O Allah, ich bitte Dich, denn Dir gebührt das Lob. Es gibt keine Gottheit, die Anbetung verdient, außer Allah, allein, ohne Partner, der Wohltäter, Schöpfer der Himmel und der Erde, o Herr der Majestät und der Großzügigkeit, o der Lebendige, o der, der sich selbst erhält." [An-Nasa'i 1300 & in al-Kubra 1/386, 1224; Abu Dawud 1495, Ibn Majah 3858, Al-Tirmidhi 3544, Ahmad 19/238]

اللَّهُمَّ إِنِّي أَسْأَلُكَ بِأَنِّي أَشْهَدُ أَنَّكَ أَنْتَ اللَّه لاَ إِلَهَ إِلاَّ أَنْتَ، الْأَحَدُ، الصَّمَدُ، الَّذِي لَمْ يَلِدْ، وَلَمْ يُولَدْ، وَلَمْ يَكُنْ لَهُ كُفُوًا أَحَدٌ.

Allahumma innee as-aluka bi annee ashhadu annaka ant-allaahu, laa ilaaha illaa ant, al-ahad us-samad, alladhee lam yalid wa lam yoolad, wa lam yakullahu kufuwan ahad.

„O Allah, ich bitte Dich, indem ich bezeuge, dass Du Allah bist, es gibt keine Gottheit, die Anbetung verdient, außer Dir, der Einzige, der Absolute, Der nicht gezeugt hat und nicht gezeugt wurde, und niemand ist Ihm gleich.“ [Tirmidhi, Livre des Invocations, Chapitre sur les Invocations Comprises du Messager d'Allah (ﷺ), Hadith No. 3475]

عَنْ أَسْمَاءَ بِنْتِ يَزِيدَ، أَنَّ النَّبِيَّ صَلَّى اللَّهُ عَلَيْهِ وَسَلَّمَ قَالَ: "اسْمُ اللَّهِ الْأَعْظَمُ فِي هَاتَيْنِ الْآيَتَيْنِ ﴿وَإِلَهُكُمْ إِلَهٌ وَاحِدٌ لَا إِلَهَ إِلَّا هُوَ الرَّحْمَنُ الرَّحِيمُ﴾ [البقرة: ١٦٣] وَفَاتِحَةِ آلِ عِمْرَانَ ﴿الم الله لَا إِلَهَ إِلَّا هُوَ الْحَيُّ الْقَيُّومُ﴾ [آل عمران: ٢]

Ismu Allahi al-A'zam fī hatayn al-ayatayn: {Wa ilahukum ilahun wahidun la ilaha illa huwa ar-Rahmānu ar-Rahim} [Al-Baqarah: 163] wa Fatihat Al 'Imran: {Alif-Lam-Mim Allahu la ilaha illa huwa al-Hayy al-Qayyum} [Al 'Imran: 2].

„Laut Asma bint Yazid sagte der Prophet (Frieden und Segen seien mit ihm): Der höchste Name Allahs befindet sich in diesen beiden Versen: ‚Eure Gottheit ist eine einzige Gottheit, es gibt keine Gottheit, die Anbetung verdient, außer Ihm, dem Allbarmherzigen, dem Sehr Barmherzigen.‘ (Sure Al-Baqara: 163) und im Anfang der Sure Al Imran: ‚Alif, Lam, Mim. Allah! Es gibt keine

Gottheit, die Anbetung verdient, außer Ihm, dem Lebendigen, dem, der sich selbst erhält.' (Sure Al Imran: 2)." [Tirmidhi]

Duas des Dankes (Choukr)

Dankbarkeit nimmt einen wichtigen Platz im Koran und in der Sunnah ein und spielt eine entscheidende Rolle bei der Vertiefung des Glaubens an den göttlichen Plan Allahs sowie bei der Förderung von Gelassenheit und Zufriedenheit, indem sie die Aufmerksamkeit auf die positiven Aspekte des Lebens lenkt.Seine Dankbarkeit gegenüber Gott (ﷻ) für Seine unzähligen Segnungen zu zeigen, führt zu einer Zunahme dieser Segnungen.Allah (ﷻ) sagte im edlen Koran:

"وَإِذْ تَأَذَّنَ رَبُّكُمْ لَئِن شَكَرْتُمْ لَأَزِيدَنَّكُمْ وَلَئِن كَفَرْتُمْ إِنَّ عَذَابِي لَشَدِيدٌ"

„Und [erinnert euch], als euer Herr verkündete: 'Wenn ihr dankbar seid, werde Ich euch gewiss mehr [Gaben] gewähren; aber wenn ihr ungläubig seid, dann ist Mein Strafe gewiss schwer.'" [Koran 14:7]

Dankbar zu sein bedeutet, die Segnungen Allahs (ﷻ) anzuerkennen, sie zu schätzen und sie auf eine Weise zu nutzen, die Ihm gefällt.

رَبِّ أَوْزِعْنِي أَنْ أَشْكُرَ نِعْمَتَكَ الَّتِي أَنْعَمْتَ عَلَيَّ وَعَلَى وَالِدَيَّ وَأَنْ أَعْمَلَ صَالِحًا تَرْضَاهُ وَأَدْخِلْنِي بِرَحْمَتِكَ فِي عِبَادِكَ الصَّالِحِينَ.

Rabbi awzi'nee an ashkura ni'mataka allatee an'amta 'alayya wa'ala walidayya wa an a'mala salihan tardah, wa adkhilnee birahmatika fee 'ibadika al-saliheen.

„O Herr, inspiriere mich, Dir für Deine Segnungen zu danken, mit denen Du mich und meine Eltern überschüttet hast, und gute Taten zu tun, die Dir gefallen. Und lass mich durch Deine Barmherzigkeit unter Deine rechtschaffenen Diener eingehen." [Koran 27:19]

ٱلْحَمْدُ لِلَّهِ الَّذِي لَهُ مَا فِي السَّمَٰوَٰتِ وَمَا فِي الْأَرْضِ وَلَهُ الْحَمْدُ فِي ٱلْآخِرَةِ وَهُوَ ٱلْحَكِيمُ الْخَبِيرُ.

Alhamdu lillaahil ladhee lahoo maa fis samaawaati wa maa fil ardi wa lahul hamdu fil aakhirah; wa Huwal Hakeemul Khabeer.

„Lob sei Allah, dem alles gehört, was im Himmel und auf der Erde ist, und Ihm gebührt das Lob im Jenseits. Er ist der Weise, der Allwissende." [Koran 34:1]

الحَمْدُ لِلَّهِ الَّذِي لَمْ يَتَّخِذ وَلَدًا وَلَمْ يَكُنْ لَهُ شَرِيكٌ فِي المُلْكِ وَلَمْ يَكُن لَّهُ وَلِيٌّ مِّنَ الذُّلِّ وَكَبِّرْهُ تَكْبِيرَا.

Alhamdu lillaahil ladhee lam yattakhiz waladanw wa lam yakul lahoo shareekun fil mulki wa lam yakul lahoo waliyyum minaz zulli wa kabbirhu takbeeraa.

„Lob sei Allah, der sich kein Kind gegeben hat, der keinen Partner in Seinem Königreich hat und der keinen Beschützer gegen Erniedrigung benötigt. Erhebe Ihn mit großer Erhebung." [Koran 17:111]

فَلِلَّهِ الْحَمْدُ رَبِّ السَّمَـٰوَٰتِ وَرَبِّ الْأَرْضِ رَبِّ الْعَـٰلَمِينَ، وَلَهُ الْكِبْرِيَاءُ فِى السَّمَـٰوَٰتِ وَالْأَرْضِ وَهُوَ الْعَزِيزُ الْحَكِيمُ.

Fa-lillahi al-hamdu Rabb as-samawati wa Rabb al-ardhi Rabb al-'alamin, wa lahu al-kibriya'u fi as-samawati wa al-ardi wa huwa al-aziz al-hakim.

„Allah gebührt das Lob, Herr der Himmel und Herr der Erde, Herr der Welten. Ihm gehört die Größe in den Himmeln und auf der Erde. Er ist der Allmächtige, der Weise." [Koran 45:36-37]

„Dua, um Allah (ﷻ) zu danken, dass Er uns geleitet hat, gute Taten zu vollbringen.“

الْحَمْدُ لِلَّهِ الَّذِي هَدَانَا لِهَذَا وَمَا كُنَّا لِنَهْتَدِيَ لَوْلَا أَنْ هَدَانَا اللَّهُ.

Alhamdulillahilladhi hadana lihadha wama kunna linahtadiya lawla an hadana Allah.

„Lob sei Allah, der uns zu diesem geführt hat. Wir wären nicht geleitet worden, wenn Allah uns nicht geleitet hätte.“ [Koran 7:43]

„Aisha, die Mutter der Gläubigen, berichtete, dass der Gesandte Allahs (ﷺ) sagte, wenn er etwas sah, das ihm gefiel:“

الْحَمْدُ لِلَّهِ الَّذِي بِنِعْمَتِهِ تَتِمُّ الصَّالِحَاتُ.

Alhamdu lillahi alladhi binimatihi tatimmus-salihat.

„Lob sei Allah, dank dessen Gnade die guten Taten vollständig sind.“

„Und wenn er etwas sah, das ihm missfiel, sagte er:“

الْحَمْدُ لِلَّهِ عَلَى كُلِّ حَالٍ.

Al-hamdu lillah ʿala kulli hal.

„Lob sei Allah in allen Umständen.“ [Ibn-Majah 3803]

الْحَمْدُ لِلَّهِ حَمْدًا كَثِيرًا طَيِّبًا مُبَارَكًا فِيهِ.

Alhamdulillahi hamdan kathiran tayyiban mubarakan fihi.

„Lob sei Allah, ein reichliches, reines und gesegnetes Lob."
[At-Tirmidhi 404, Abu Daoud 773]

اللَّهُمَّ لَكَ الْحَمْدُ كَمَا يَنْبَغِي لِجَلَالِ وَجْهِكَ وَعَظِيمِ سُلْطَانِكَ.

Allahumma laka al-hamdu kama yanbaghi li-jalali wajhika wa 'azimi sultanika.

„O Allah, Dir gebührt das Lob, wie es der Majestät Deines Angesichts und der Unermesslichkeit Deiner Macht angemessen ist."
[Sunan Ibn Majah 3801]

اللَّهُمَّ لَكَ الْحَمْدُ كُلُّهُ وَلَكَ الشُّكْرُ كُلُّهُ، وَبِيَدِكَ الْخَيْرُ كُلُّهُ، وَإِلَيْكَ يَرْجِعُ الْأَمْرُ كُلُّهُ، لَا إِلَهَ إِلَّا أَنْتَ.

Allahumma lakal hamdu kulluhu wa lakash-shukru kulluhu, wa biyadikal khayru kulluhu, wa ilayka yarji'ul amru kulluhu, la ilaha illa ant.

„O Allah, zu Dir gehört das ganze Lob und zu Dir die ganze Dankbarkeit. Alles Gute ist in Deiner Hand, und zu Dir kehrt jede Sache zurück. Es gibt keine Gottheit, die Anbetung verdient, außer Dir."
[Sunan Ibn Majah 3805]

اللَّهُمَّ لَكَ الحَمْدُ حَتَّى تَرْضَى، وَلَكَ الحَمْدُ إِذَا رَضِيتَ وَلَكَ الحَمْدُ بَعْدَ الرِّضَا، اللَّهُمَّ لَكَ الحَمْدُ كَمَا يَنْبَغِي لِجَلَالِ وَجْهِكَ وَعَظِيمِ سُلْطَانِكَ، اللَّهُمَّ لَكَ الحَمْدُ حَمْدًا كَثِيرًا طَيِّبًا مُبَارَكًا فِيهِ، مِلْءَ السَّمَاوَاتِ وَالأَرْضِ وَمَا بَيْنَهُمَا.

Allahumma laka al-hamdu hatta tardha, walaka al-hamdu idha radheet, walaka al-hamdu ba'da ar-ridha, Allahumma laka al-hamdu kama yanbaghi li-jalali wajhika wa 'azimi sultanika, Allahumma laka al-hamdu hamdan katheeran tayyiban mubarakan feeh, mil'a as-samawati wal-ard wa ma baynahuma.

„O Allah, Dir gebührt das Lob, bis Du zufrieden bist, Dir gebührt das Lob, wenn Du zufrieden bist, und Dir gebührt das Lob nach der Zufriedenheit. O Allah, Dir gebührt das Lob, wie es der Majestät Deines Angesichts und der Unermesslichkeit Deiner Macht angemessen ist. O Allah, Dir gebührt das Lob, ein reichliches, reines und gesegnetes Lob, das die Himmel, die Erde und alles dazwischen erfüllt.“

هَـٰذَا مِن فَضْلِ رَبِّي لِيَبْلُوَنِي ءَأَشْكُرُ أَمْ أَكْفُرُ وَمَن شَكَرَ فَإِنَّمَا يَشْكُرُ لِنَفْسِهِ وَمَن كَفَرَ فَإِنَّ رَبِّي غَنِيٌّ كَرِيمٌ.

Hadha min fadli rabbi li-yabluwani a'ashkuru am akfur. Wa man shakar fa-innama yashkuru linafsihi wa man kafar fa-inna rabba ghanyun karim.

„Dies ist eine Wohltat meines Herrn, damit Er mich prüft, ob ich dankbar oder undankbar bin. Wer dankbar ist, dankt nur sich selbst, und wer undankbar ist, mein Herr ist unabhängig und großzügig." [Koran 27:40]

Dua, um Allah (ﷻ) für die Beseitigung der Traurigkeit zu danken

ٱلْحَمْدُ لِلَّهِ ٱلَّذِي أَذْهَبَ عَنَّا ٱلْحَزَنَ إِنَّ رَبَّنَا لَغَفُورٌ شَكُورٌ.

Alhamdu lillahi alladhi adhaba 'anna al-hazana inna rabbana laghafurun shakurun.

„Lob sei Allah, der die Traurigkeit von uns entfernt hat. Wahrlich, unser Herr ist Vergebend und Dankbar." [Koran 35:34]

اللَّهُمَّ لكَ الحَمْدُ أَنْتَ نُورُ السَّمَوَاتِ والأرْضِ، ولَكَ الحَمْدُ أَنْتَ قَيِّمُ السَّمَوَاتِ والأرْضِ، ولَكَ الحَمْدُ أَنْتَ رَبُّ السَّمَوَاتِ والأرْضِ ومَن فِيهِنَّ، أَنْتَ الحَقُّ، ووَعْدُكَ الحَقُّ، وقَوْلُكَ الحَقُّ، ولِقَاؤُكَ الحَقُّ، والجَنَّةُ حَقٌّ، والنَّارُ حَقٌّ، والنَّبِيُّونَ حَقٌّ، والسَّاعَةُ حَقٌّ، اللَّهُمَّ لكَ أَسْلَمْتُ، وبِكَ آمَنْتُ، وعَلَيْكَ تَوَكَّلْتُ، وإِلَيْكَ أَنَبْتُ، وبِكَ خَاصَمْتُ، وإِلَيْكَ حَاكَمْتُ، فَاغْفِرْ لِي ما قَدَّمْتُ وما أَخَّرْتُ، وما أَسْرَرْتُ وما أَعْلَنْتُ، أَنْتَ إِلَهِي لا إِلَهَ إِلَّا أَنْتَ.

Allahumma laka al-hamdu anta nuru as-samawati wa-al-ardi, wa laka al-hamdu anta qayyimu as-samawati wa-al-ardi, wa laka al-hamdu anta rabbu as-samawati wa-al-ardi wa man fihinna. Anta al-haqqu, wa wa'duka al-haqqu, wa qawluka al-haqqu, wa liqa'uka al-haqqu, wa al-jannatu haqqu, wa an-naru haqqu, wa an-nabiyyuna haqqu, wa as-sa'atu haqqu. Allahumma laka aslamtu, wa bika aamantu, wa 'alayka tawakkaltu, wa ilayka anabtu, wa bika khasamtu, wa ilayka hakamtu, faghfir li ma qaddamtu wa ma akhkhartu, wa ma asrartu wa ma a'lantu, anta ilahi la ilaha illa anta.

„O Allah, Dir gebührt das Lob. Du bist das Licht der Himmel und der Erde. Dir gebührt das Lob, Du bist der Erhalter der Himmel und der Erde. Dir gebührt das Lob, Du bist der Herr der Himmel, der Erde und all dessen, was darin ist. Du bist die Wahrheit, Dein Versprechen ist die Wahrheit, Dein Wort ist die Wahrheit, Deine Begegnung ist die Wahrheit, das Paradies ist die Wahrheit, die Hölle ist die Wahrheit, die Propheten sind die Wahrheit und die Stunde ist die Wahrheit. O Allah, Dir habe ich mich ergeben, an Dich habe ich geglaubt, auf Dich habe ich vertraut, zu Dir kehre ich reumütig zurück, mit Dir streite ich, und zu Dir wende ich mich im Urteil. Vergib mir, was ich früher getan habe und was ich später getan habe, was ich verborgen und was ich offenkundig gemacht habe. Du bist mein Gott, es gibt keine Gottheit außer Dir." [Bukhari]

Duas, um Allah (ﷻ) für all Seine Segnungen am Morgen und am Abend zu danken :

اللَّهُمَّ مَا أَصْبَحَ (أَمْسَى) بِي مِنْ نِعْمَةٍ أَوْ بِأَحَدٍ مِنْ خَلْقِكَ فَمِنْكَ وَحْدَكَ لَا شَرِيكَ لَكَ، فَلَكَ الْحَمْدُ وَلَكَ الشُّكْرُ.

Allahumma ma asbaha (Amsa) bi min ni'matin aw bi ahadin min khalqika faminka wahdaka la sharika laka falakal hamdu walakash shukr.

„O Allah, heute Morgen (oder heute Abend) finde ich mich mit einer Segnung, sei es für mich oder für eines Deiner Geschöpfe, die nur von Dir allein kommt, ohne Partner. Dir gebührt das Lob und Dir gebührt der Dank."

اللَّهُمَّ إِنِّي أَصْبَحْتُ مِنْكَ فِي نِعْمَتِكَ وَعَافِيَتِكَ وَسِتْرِكَ؛ فَأَتِمَّ عَلَيَّ نِعْمَتَكَ وَعَافِيَتَكَ وَسِتْرَكَ فِي الدُّنْيَا وَالْآخِرَةِ.

Allahumma inni asbahtu minka fee-ni'matee'ou wa'aa fee-yatee'ou wa sitr; Fa aa'timma alayya ni'matak; Wa'aa fee'yatak; Wa sit'raka fid-dunya wal akhira.

„O Allah, heute Morgen bin ich in Deiner Segnung, Deiner Gesundheit und Deinem Schutz; vervollständige also für mich Deine Segnung, Deine Gesundheit und Deinen Schutz in dieser Welt und im Jenseits."

„Der Prophet ﷺ sagte: ‚Wer dieses Dua dreimal am Morgen und am Abend rezitiert, hat seine Dankbarkeitspflicht für den Tag erfüllt.'"

عَنْ حُذَيْفَةَ بْنِ الْيَمَانِ قَالَ: أَنَّهُ أَتَى النَّبِيَّ (ﷺ) فَقَالَ: بَيْنَمَا أَنَا أُصَلِّي إِذْ سَمِعْتُ مُتَكَلِّمًا يَقُولُ: اللَّهُمَّ لَكَ الْحَمْدُ كُلُّهُ، وَلَكَ الْمُلْكُ كُلُّهُ، بِيَدِكَ الْخَيْرُ كُلُّهُ، إِلَيْكَ يَرْجِعُ الْأَمْرُ كُلُّهُ، عَلَانِيَتُهُ وَسِرُّهُ، فَأَهْلٌ أَنْ تُحْمَدَ، إِنَّكَ عَلَى كُلِّ شَيْءٍ قَدِيرٌ، اللَّهُمَّ اغْفِرْ لِي جَمِيعَ مَا مَضَى مِنْ ذُنُوبِي، وَاعْصِمْنِي فِيمَا بَقِيَ مِنْ عُمُرِي، وَارْزُقْنِي عَمَلًا زَاكِيًا تَرْضَى بِهِ عَنِّي. فَقَالَ النَّبِيُّ (ﷺ): ذَاكَ مَلَكٌ أَتَاكَ يُعَلِّمُكَ تَحْمِيدَ رَبِّكَ عَزَّ وَجَلَّ.

An Hudhayfata bnu al-Yaman qala: annahu ata an-Nabiyya salla allahu ʿalayhi wa sallam fa-qala: bayna ana usalli idh samiʿtu mutakalliman yaqulu: Allahumma laka al-hamdu kulluhu, wa laka al-mulku kulluhu, biyadika al-khayru kulluhu, ilayka yarjiʿu al-amru kulluhu, ʿalaniyatuhu wa sirruhu, fa-ahlun an tuḥmada, innaka ʿala kulli shay'in qadir, Allahumma aghfir li jamiʿa ma mada min dhunubi, wa ʿasimni fima baqiya min ʿumri, warzuqni ʿamalan zakiyan tarda bihi ʿanni. Fa-qala an-Nabi salla allahu ʿalayhi wa sallam: dhaka malakun ataka yuʿallimuka tahmida rabbika ʿazza wa jall.

„Hudzaifa ibn al-Yaman sagte, dass er zum Propheten (Frieden und Segen seien auf ihm) ging und sagte: Während ich betete, hörte ich jemanden sagen: ‚O Allah, Dir gebührt das gesamte Lob, Dir gehört das gesamte Königreich, alles Gute ist in Deiner Hand, und zu Dir kehrt jede Sache zurück, sowohl im Verborgenen als auch im Offenen. Du bist des Lobes würdig, denn Du bist zu allem fähig. O Allah, vergib mir alle meine vergangenen Sünden, bewahre mich für den Rest meines Lebens, und gewähre mir reine Taten, die Du akzeptieren wirst.‘ Der Prophet (Frieden und Segen seien auf ihm) antwortete: ‚Das war ein Engel, der gekommen ist, um dich zu lehren, wie du deinen Herrn, den Allmächtigen und Majestätischen, loben kannst.‘“ [Haithami 10/98]

Duas, um um Gesundheit zu bitten

Der Koran und die Sunnah enthalten viele Gebete und Bittgebete, die mit der Aufrechterhaltung der Gesundheit und der Suche nach Heilung von Krankheiten verbunden sind. Diese Bittgebete sind nicht nur ein Mittel, um physische Heilung zu erbitten, sondern dienen auch als Quelle des Trostes und der spirituellen Stärke in Zeiten von Krankheit und Widrigkeiten.

عَنْ عَبْدِ الرَّحْمَنِ بْنِ أَبِي بَكْرَةَ أَنَّهُ قَالَ لِأَبِيهِ: يَا أَبَتِ إِنِّي أَسْمَعُكَ تَدْعُوهُ كُلَّ غَدَاةٍ:

اللَّهُمَّ عَافِنِي فِي بَدَنِي، اللَّهُمَّ عَافِنِي فِي سَمْعِي، اللَّهُمَّ عَافِنِي فِي بَصَرِي، اللَّهُمَّ إِنِّي أَعُوذُ بِكَ مِنَ الْكُفْرِ وَالْفَقْرِ، اللَّهُمَّ إِنِّي أَعُوذُ بِكَ مِنْ عَذَابِ الْقَبْرِ، لَا إِلَهَ إِلَّا أَنْتَ، تُعِيدُهَا حِينَ تُصْبِحُ ثَلَاثًا، وَثَلَاثًا حِينَ تُمْسِي»، فَقَالَ: إِنِّي سَمِعْتُ رَسُولَ اللَّهِ صَلَّى اللَّهُ عَلَيْهِ وَسَلَّمَ يَدْعُو بِهِنَّ؛ فَأَنَا أُحِبُّ أَنْ أَسْتَنَّ بِسُنَّتِهِ.

Allaahumma ‘aafinee fee badanee, Allaahumma ‘aafinee fee sam‘ee, Allaahumma ‘aafinee fee basaree, laa ilaaha lila Anta. Allaahumma innee a‘uthu bika minal-kufri wal-faqri wa a ‘uthu bika min ‘athaabil-qabri laa ilaaha illa Anta.

„Nach Abd al-Rahman ibn Abi Bakrah sagte er zu seinem Vater: 'O mein Vater, ich höre dich jedes Mal dieses Bittgebet am Morgen sprechen: O Allah, gewähre mir Gesundheit in meinem Körper, o Allah, gewähre mir Gesundheit in meinem Gehör, o Allah, gewähre mir Gesundheit in meinem Sehen. O Allah, ich suche Zuflucht bei Dir vor Unglauben und Armut. O Allah, ich suche Zuflucht bei Dir vor der Strafe des Grabes. Es gibt keine Gottheit außer Dir.' Er wiederholte dieses Bittgebet dreimal am Morgen und dreimal am Abend. Sein Vater antwortete: 'Ich habe den Gesandten Allahs (Frieden und Segen seien auf ihm) diese Bittgebete sprechen hören, und daher mag ich es, seiner Tradition zu folgen.'"

اللّهُـمَّ اجْعَـلْ فِي قَلْبِـي نُوراً، وَفِي لِسَـانِي نُوراً، وَفِي سَمْعِي نُوراً، وَفِي بَصَرِي نُوراً، وَمِنْ فَوْقِي نُوراً

، وَ مِنْ تَحْتِي نُوراً، وَعَنْ يَمِينِي نُوراً، وعَنْ شِمَالِي نُوراً، وَمِنْ أَمَامِي نُوراً، وَمِنْ خَلْفِي نُوراً، واجْعَلْ

فِي نَفْسِي نُوراً، وأَعْظِمْ لِي نُوراً، وَعَظِّمْ لِي نُوراً، وَاجْعَلْ لِي نُوراً، واجْعَلْنِي نُوراً، أَللّهُمَّ أَعْطِنِي نُوراً.

Allahummaj'al fi qalbi nuran, wa fi lisani nuran, wa fi sam`i nuran, wa fii basari nuran, wa min fawqi nuran, wa min tahti nuran, wa `an yamini nuran, wa `an shimali nuran, wa min 'amami nuran wa min khalfi nuran, waj`al fi nafsi nuran, wa 'a`dhim li nuran, wa `dhim li nuran, waj`alli nuran, waj`alni nuran, Allahumma 'a`tini nuran,

„O Allah, setze Licht in mein Herz, auf meine Zunge, in mein Gehör, in mein Sehen, über mich, unter mich, zu meiner Rechten, zu meiner Linken, vor mir, hinter mir. Setze Licht in mich, gewähre mir ein großes Licht, und mache mich zu einem Licht. O Allah, gib mir Licht." [At-Tirmidhi 5/483, Al-Bukhari 695]

Dua, um um Heilung von einer Krankheit zu bitten :

اللّهُمَّ رَبَّ النَّاسِ أَذْهِبِ الْبَأْسَ وَاشْفِ أَنْتَ الشَّافِي لَا شِفَاءَ إِلَّا شِفَاؤُكَ شِفَاءًا لَا يُغَادِرُ سَقَمَا.

Allahumma Rabban-naas adhhibil-ba'sa washfi Antash-Shaafi laa shifaa'a illaa shifaa'uk shifaa'an laa yughaadiru saqamaa.

„O Allah, Herr der Menschen, entferne den Schmerz und heile. Du bist der Heiler, es gibt keine Heilung außer Deiner Heilung, eine Heilung, die keine Krankheit hinterlässt." [Abu Daoud 3890, Bukhari 5742, At-Tirmidhi 973]

الَّذِي خَلَقَنِي فَهُوَ يَهْدِينِ وَالَّذِي هُوَ يُطْعِمُنِي وَيَسْقِينِ وَإِذَا مَرِضْتُ فَهُوَ يَشْفِينِ وَالَّذِي يُمِيتُنِي ثُمَّ يُحْيِينِ وَالَّذِي أَطْمَعُ أَنْ يَغْفِرَ لِي خَطِيَّتِي يَوْمَ ٱلدِّينِ.

Alladhi khalaqani fahuwa yahdeen. Walladhi huwa yutimuni wa yasqeeni. Wa idha maridtu fahuwa yashfeeni. Walladhi yumituni thumma yuhyeeni. Walladhi atmau an yaghfira li khati'ati yawma ad-deen.

„Der mich erschaffen hat und der mich leitet, der mich nährt und mir zu trinken gibt, und wenn ich krank bin, heilt er mich. Der mich sterben lässt und mir dann das Leben zurückgibt, und auf den ich hoffe, dass er mir am Tag des Gerichts meine Sünden vergibt." [Koran 26:78-82]

عَن عُثْمَان بنِ أَبِي العَاص الثَّقَفِي أَنَّهُ شَكَا إلى رَسُولِ اللهِ (ﷺ) وَجَعًا يَجِدُهُ في جَسَدِهِ مُنْذُ أَسْلَمَ، فَقَالَ له رَسُولُ اللهِ (ﷺ): ضَعْ يَدَكَ عَلَى الَّذِي تَأَلَّمَ مِن جَسَدِكَ، وَقُلْ: باسْمِ اللهِ، ثَلَاثًا، وَقُلْ سَبْعَ مَرَّاتٍ: أَعُوذُ باللهِ وَقُدْرَتِهِ مِن شَرِّ ما أَجِدُ وَأُحَاذِرُ.

A'oodhu billahi wa qudratihi min sharri ma ajidu wa uhaadhiru.

„Nach Othman ibn Abi al-As al-Thaqafi äußerte er gegenüber dem Gesandten Allahs (Frieden und Segen seien auf ihm) einen Schmerz, den er in seinem Körper verspürte, seit er den Islam angenommen hatte. Der Prophet (Frieden und Segen seien auf ihm) sagte zu ihm: ‚Lege deine Hand auf die schmerzende Stelle deines Körpers und sage: "Im Namen Allahs" drei Mal, dann sage sieben Mal: "Ich suche Zuflucht bei Allah und Seiner Macht vor dem Übel dessen, was ich fühle und fürchte." [Sahih Muslim 2202]

Duas, um Wohlstand (Rizq) zu erbitten

„Diese Duas umfassen jedes irdische Bedürfnis und jede Anforderung an das Wohlbefinden: ein gutes Zuhause, eine gute Ehefrau, einen rechtschaffenen Sohn, halal Lebensunterhalt, nützliches Wissen und fromme Taten."

وَارْزُقْنَا وَأَنتَ خَيْرُ الرَّازِقِينَ .

wa Rzuqna wa Anta Khayru-Raziqeen.

„Und gewähre uns unseren Lebensunterhalt, denn Du bist der Beste der Versorger." [Koran 62:11]

قُلْ إِنَّ ٱلْفَضْلَ بِيَدِ ٱللَّهِ يُؤْتِيهِ مَن يَشَآءُ وَٱللَّهُ وَٰسِعٌ عَلِيمٌ .

Qul inna al-fadla bi-yadi Allah, yu'teehi man yasha', wa-Allahu wasi'un 'aleem.

„Sag: Wahrlich, die Gnade liegt in der Hand Allahs; Er gibt sie, wem Er will. Und Allah ist Großzügig und Allwissend." [Koran 3:73]

رَبِّ إِنِّي لِمَآ أَنزَلْتَ إِلَيَّ مِنْ خَيْرٍ فَقِيرٌ .

Rabbi inni Lima Anzalta ilayya min Khairin faqir.

„Mein Herr, ich bin bedürftig nach allem Guten, das Du zu mir herabsenden wirst." [Koran 28:24]

„Dua für den Lebensunterhalt und das Gute in dieser Welt und im Jenseits:"

رَبَّنَا آتِنَا فِى الدُّنْيَا حَسَنَةً وَفِى الآخِرَةِ حَسَنَةً وَّقِنَا عَذَابَ النَّارِ.

Rabbana atina fid dunya hasanatan wa fil Aakhirati hasanatan waqina 'azab an-nar.

„Mein Herr, gewähre uns einen guten Teil in dieser Welt und einen guten Teil im Jenseits und schütze uns vor der Strafe des Feuers." [Koran: 2:201]

„Dua für Reichtum und Segnungen:"

اللهُمَّ أَكْثِرْ مَالِي وَوَلَدِي وَبَارِكْ لِي فِيمَا أَعْطَيْتَنِي.

Allahumma 'akthir malee wa waladee, wa barik lee feema a' tay-ta-nee

„O Allah, vergrößere meinen Reichtum und meine Nachkommenschaft und segne das, was Du mir gegeben hast." [ibn Habaan 7178]

„Dua für den Lebensunterhalt und die Selbstgenügsamkeit"

اللهُمَّ إِنِّي أَسْأَلُكَ مِنْ فَضْلِكَ وَرَحْمَتِكَ، فَإِنَّهُ لَا يَمْلِكُهَا إِلَّا أَنْتَ.

Allahumma inni As'aluka Min Fadlika wa Rahmatika fa Innahu la Yamlikuha illa Anta

„O Allah, ich bitte Dich um Deine Gnade und Deine Barmherzigkeit, denn niemand besitzt sie außer Dir." [Al-Albani 1278]

„Dua für halal Lebensunterhalt und Wachstum im Geschäft:"

اللَّهُمَّ اكْفِنِي بِحَلَالِكَ عَنْ حَرَامِكَ وَأَغْنِنِي بِفَضْلِكَ عَمَّنْ سِوَاكَ.

Allahumm-akfini bihalalika 'an haramika, wa aghnini bifadlika 'amman siwaka.

„O Allah, schütze mich mit dem, was Du erlaubt hast, gegen das, was Du verboten hast, und bereichere mich durch Deine Gnade, damit ich niemanden außer Dir benötige." [Narrated by al-Tirmidhi 5/650 No. 3563]

„Dua für den Erfolg im Geschäft:"

اللَّهُمَّ إِنِّي أَسْأَلُكَ عِلْمًا نَافِعًا وَرِزْقًا طَيِّبًا وَعَمَلاً مُتَقَبَّلاً

Allahumma inni As'aluka ilman Nafian wa Rizqan Thayyiban wa Aamalan Muttaqabbalan.

„O Allah, ich bitte Dich um nützliches Wissen, reine Versorgung und akzeptierte Taten." [Ibn Majah 762]

„Dua, um die Gewinne im Geschäft zu steigern:"

سُبْحَانَ اللَّهِ، وَالْحَمْدُ لِلَّهِ، وَلَا إِلَهَ إِلَّا اللَّهُ، وَاللَّهُ أَكْبَرُ، وَلَا حَوْلَ وَلَا قُوَّةَ إِلَّا بِاللَّهِ.

SubhanAllah, walhamdulillah, wa la ilaha illAllah, wallahu akbar, wa la hawla wa la quwwata illa billah.

„Preis sei Allah, und Lob sei Allah, es gibt keine Gottheit, die Anbetung verdient, außer Allah, und Allah ist der Größte. Es gibt keine Kraft und keine Macht außer bei Allah." [Sunan Abi Dawud 832]

„Dua für Wohlbefinden und Versorgung:"

اَللَّهُمَّ اِغْفِرْ لِي ، وَارْحَمْنِي ، وَاهْدِنِي ، وَعَافِنِي ، وَارْزُقْنِي

Allahummaghfirli Warhamni Wahdini Waafini Warzuqni.

„O Allah, vergib mir, habe Erbarmen mit mir, führe mich, gewähre mir Gesundheit und versorge mich." [Muslim 2696]

„Dua für Überfluss und Segnungen (Reichtum, Geld und gutes Zuhause):"

اللَّهُمَّ اغْفِرْ لِي ذَنْبِي وَوَسِّعْ لِي فِي دَارِي وَبَارِكْ لِي فِي رِزْقِي.

Allahumma ighfir li dhanbi wa wassi' li fi dari wa barik li fi rizqi

„O Allah, vergib mir meine Sünden, erweitere mein Zuhause und segne meinen Lebensunterhalt." [El-Albani 112]

اللَّهُمَّ ابْسُطْ عَلَيْنَا مِنْ بَرَكَاتِكَ وَرَحْمَتِكَ وَفَضْلِكَ وَرِزْقِكَ.

Allahumma bsut 'alayna min barakaatik wa rahmatik wa fadlik wa rizqik.

„O Allah, verströme über uns Deine Segnungen, Deine Barmherzigkeit, Deine Gnade und Deinen Lebensunterhalt." [Narrated by al-Bukhari, No. 699]

اللَّهُمَّ احْفَظْنِي بِالْإِسْلَامِ قَائِمًا وَاحْفَظْنِي بِالْإِسْلَامِ قَاعِدًا وَاحْفَظْنِي بِالْإِسْلَامِ رَاقِدًا وَلَا تُشْمِتْ بِي عَدُوًّا وَلَا حَاسِدًا، اللَّهُمَّ إِنِّي أَسْأَلُكَ مِنْ كُلِّ خَيْرٍ خَزَائِنُهُ بِيَدِكَ وَأَعُوذُ بِكَ مِنْ كُلِّ شَرٍّ خَزَائِنُهُ بِيَدِكَ.

Allahumma-ahfadni bil-islami qa'iman wah-fadni bil-islami qa'idan wah-fadni bil-islami raqidan wa la tushmit bi aduwaw wa-la hasida, Allahumma inni asaluka min kulli khairin khaza'inuhu biyadik, wa a'udhu bika min kulli sharrin khaza'inuhu biyadik.

„O Allah, bewahre mich durch den Islam, wenn ich stehe, bewahre mich durch den Islam, wenn ich sitze, und bewahre mich durch den Islam, wenn ich liege. Gib meinem Feind oder dem Neider nicht die Gelegenheit, sich über mein Unglück zu freuen. O Allah, ich bitte Dich um all das Gute, dessen Schätze in Deinen Händen sind, und ich suche Zuflucht bei Dir vor allem Übel, dessen Schätze in Deinen Händen sind." [Al-Hakim 1/525 no.1924 et authentifié et approuvé par ad-Dhahabi, Ibn Hibban 3/214, Da'wat al-Kabeer Al-Bayhaqi, p.165 (212), classé Hasan par al-Albani dans Saheeh al-Jaami, 2/398, et dans Silsilah al-Ahadeeth as-Saheehah 4/54 no.1540, et classé Sahih par As-Suyuti]

Duas, um Geduld und Ausdauer (Sabr) zu bitten

„Sich den Herausforderungen des Lebens zu stellen, erfordert Geduld und Ausdauer. Der Koran und die Hadithe bieten kraftvolle Duas (Bittgebete), um uns zu helfen, standhaft zu bleiben und uns an die Barmherzigkeit und Führung Allahs zu erinnern, die uns Trost und Stärke bringen.“

„Durch das Rezitieren dieser Bittgebete suchen wir die Unterstützung Allahs, um Geduld und Entschlossenheit in uns zu kultivieren.“

Rabbana afrigh 'alayna sabraw wa tawaffana Muslimeen

„O unser Herr, schütte Geduld über uns aus und lass uns als Muslime sterben." [Koran 7:126]

Rabbana afrigh 'alayna sabran wa thabbit aqdamana wansurna 'alal-qawmil-kafirin

„O unser Herr, schütte Geduld über uns aus, festige unsere Schritte und gewähre uns den Sieg über die ungläubigen Menschen." [Koran 2:250]

Allahumma aj'al sabri fi al-bala', wa thabbitni 'ala al-qudrati wal-amri

„O Allah, lass meine Geduld in der Prüfung sein und festige mich in der Fähigkeit und in den Entscheidungen."

لَا يُكَلِّفُ ٱللَّهُ نَفْسًا إِلَّا وُسْعَهَا لَهَا مَا كَسَبَتْ وَعَلَيْهَا مَا ٱكْتَسَبَتْ رَبَّنَا لَا تُؤَاخِذْنَا إِن نَّسِينَآ أَوْ أَخْطَأْنَا رَبَّنَا وَلَا تَحْمِلْ عَلَيْنَا إِصْرًا كَمَا حَمَلْتَهُ عَلَى ٱلَّذِينَ مِن قَبْلِنَا رَبَّنَا وَلَا تُحَمِّلْنَا مَا لَا طَاقَةَ لَنَا بِهِ وَٱعْفُ عَنَّا وَٱغْفِرْ لَنَا وَٱرْحَمْنَا أَنتَ مَوْلَىٰنَا فَٱنصُرْنَا عَلَى ٱلْقَوْمِ ٱلْكَٰفِرِينَ .

La yukallifu Allahu nafsan illa wusʿaha laha ma kasabat wa-ʿalayha ma iktasabat rabbana la tuʾakhidh-na in-nasina aw akhtaʾna rabbana wa-la taḥmil ʿalayna isran kama hamaltahu ʿala alladhina min qablina rabbana wa-la tuhammilna ma la taqata lana bih wa-aʿfu ʿanna wa-ighfir lana wa-irhamna anta mawlana fansurna ʿala al-qawm il-kafirin.

„Allah belastet keine Seele über ihr Vermögen. Sie hat, was sie erworben hat, und sie ist verantwortlich für das, was sie erworben hat. O unser Herr, ziehe uns nicht zur Rechenschaft, wenn wir vergessen oder einen Fehler begehen. O unser Herr, lege uns keine Last auf wie die, die Du denjenigen auferlegt hast, die vor uns lebten. O unser Herr, belaste uns nicht mit einer Last, die wir nicht tragen können, und vergib uns, befreie uns, hab Erbarmen mit uns. Du bist unser Beschützer, gewähre uns den Sieg über die ungläubigen Menschen." [Koran 2:286]

إِنَّا للهِ وَإِنَّا إِلَيْهِ رَاجِعُونَ، اللَّهُمَّ آجِرْنِي فِي مُصِيبَتِي، وَاخْلُفْ لِي خَيْرًا مِنْهَا .

Inna lillahi wa inna ilayhi raji'un. Allahumma ajirni fi musibati, wakhluf li khayran minha.

„Wir gehören Allah, und zu Ihm kehren wir zurück. O Allah, gewähre mir eine Belohnung in meiner Prüfung und ersetze sie durch etwas Besseres." [Sahih Muslim 918]

Duas, um Angst, Sorge und Stress zu lindern

„Angst, Sorge und Anspannung sind Waffen Satans, die dazu dienen, uns daran zu hindern, Gott zu vertrauen und im Glauben an Ihn zu wandeln. Egal, woher der Stress kommt, wir müssen immer einen positiven Eindruck von Allah (ﷻ) haben. Denken Sie daran, dass Er uns das größte Geschenk gegeben hat: unseren Glauben. Verlassen Sie sich vollständig auf Ihn, und Er wird für Ihre Bedürfnisse sorgen. Sagen Sie immer Alhamdulillah (Lob sei Allah) und haben Sie Vertrauen, dass alles, was Er gibt, gut für Sie ist. Im Koran und in der Sunnah finden wir mehrere Bittgebete, um uns an Allah (ﷻ) zu wenden, um Unterstützung, Frieden und Gelassenheit in Zeiten von Schwierigkeiten und Not zu erhalten.

رَبِّ اشْرَحْ لِي صَدْرِي وَيَسِّرْ لِي أَمْرِي وَاحْلُلْ عُقْدَةً مِّن لِّسَانِي يَفْقَهُوا قَوْلِي .

Rabbi-shrah li sadri, wa yassir li amri, wahlul uqdatan min lisani yafqohu qawli

„O mein Herr, öffne mein Herz, erleichtere meine Aufgabe und löse den Knoten meiner Zunge, damit sie meine Worte verstehen." [Koran 20: 25-28]

„Der Prophet Mohammed (ﷺ) sagte: ‚Ich kenne Worte, die dazu führen werden, dass Allah das Leid eines Menschen wegnimmt. Das sind die Worte (des Bittgebets) meines Bruders Yunus, Frieden sei auf ihm.'" [Tirmidhi]

لَّا إِلَهَ إِلَّا أَنتَ سُبْحَانَكَ إِنِّى كُنتُ مِنَ الظَّالِمِينَ .

La ilaha illa anta subhanaka inni kuntu minaz zalimin

„Es gibt keine Gottheit, die Anbetung verdient, außer Dir. Preis sei Dir! Wahrlich, ich gehöre zu den Ungerechten." [Koran 21:87]

„Dies ist ein koranisches Dua, es ist Teil des Gebets des Propheten Ayub, als er in Not war aufgrund schwerer Krankheit und Schwierigkeiten, während er Allahs Barmherzigkeit und Unterstützung während seines Leidens suchte."

أَنِّي مَسَّنِيَ الضُّرُّ وَأَنتَ أَرْحَمُ الرَّاحِمِينَ .

Annee massaniya alddurru waanta arhamu alrrahimeen.

„Wahrlich, das Unglück hat mich getroffen, und Du bist der Barmherzigste der Barmherzigen." [Koran 21:83]

Anni maghloobun fan-tasir.

„Wahrlich, ich bin besiegt, so gewähre mir den Sieg." [Koran, 54:10]

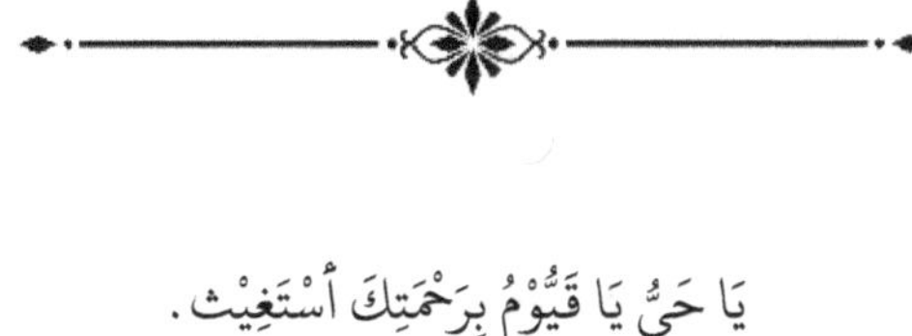

Ya Hayyu Ya Qayyoom birahmatika astagheeth.

„O Lebendiger, O Erhalter, ich bitte um Hilfe durch Deine Barmherzigkeit." [Reported by at-Tirmidhi, no.(3524) and graded as "Hasan" by Shaykh al-Albani]

Allaahumma 'innee 'a'oothu bika minal-hammi walhazani, wal'ajzi walkasali, walbukhli waljubni, wa dhala'id-dayni wa ghalabatir-rijaal.

„O Allah, ich suche Zuflucht bei Dir vor Sorge, Traurigkeit, Unfähigkeit, Faulheit, Feigheit, Geiz, der Last der Schulden und der Herrschaft der Menschen." [Sahih al-Bukhari 7/158]

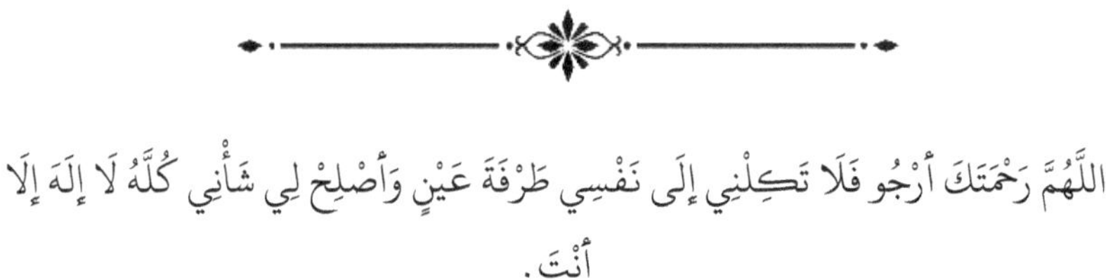

اللَّهُمَّ رَحْمَتَكَ أَرْجُو فَلَا تَكِلْنِي إِلَى نَفْسِي طَرْفَةَ عَيْنٍ وَأَصْلِحْ لِي شَأْنِي كُلَّهُ لَا إِلَهَ إِلَّا أَنْتَ.

Allahumma rahmataka arju fala takilni ila nafsi tarfata 'aynin wa aslih li sha'ni kullahu la ilaha illa anta.

„O Allah, ich hoffe auf Deine Barmherzigkeit, lass mich nicht einen Augenblick mir selbst überlassen, und ordne alle meine Angelegenheiten. Es gibt keine Gottheit, die Anbetung verdient, außer Dir." [Rapporté par Ahmad (27898) et Abu Dawud (5090). Classé comme hasan par al-Albani dans Sahih al-Jami' (3388)]

.اللهُ اللهُ رَبِّي لا أُشْـرِكُ بِهِ شَيْئًا

Allahu Allahu Rabbi la ushriku bihi shay'an

„Allah, Allah ist mein Herr, ich assoziiere nichts mit Ihm." [Abu Dawood 1525]

اللَّهُمَّ أَصْلِحْ لِي دِينِي الَّذِي هُوَ عِصْمَةُ أَمْرِي ، وَأَصْلِحْ لِي دُنْيَايَ الَّتِي فِيهَا مَعَاشِي، وَأَصْلِحْ لِي آخِرَتِي الَّتِي فِيهَا مَعَادِي، وَاجْعَلِ الْحَيَاةَ زِيَادَةً لِي فِي كُلِّ خَيْرٍ وَاجْعَلِ الْمَوْتَ رَاحَةً لِي مِنْ كُلِّ شَرٍّ.

Allahumma aslih li deenil-ladhi huwa 'ismatu amri, wa aslih li dunya yal-lati fiha ma'ashi, wa aslih li aakhiratillati fiha ma'adi, waj-'alil-hayata ziyadatan li fi kulli khayr, waj-'alil mawta rahatan li min kulli sharr.

„O Allah, verbessere meinen Glauben, der der Schutz meiner Angelegenheiten ist, verbessere mein weltliches Leben, in dem mein Lebensunterhalt liegt, verbessere mein Leben nach dem Tod, in dem mein Schicksal ist, mache das Leben zu einem Zusatz für mich in allem Guten und mache den Tod zu einer Erleichterung für mich von allem Übel." [Sahih Muslim 2720]

اللَّهُمَّ إِنِّي عَبْدُكَ ابْنُ عَبْدِكَ ابْنُ أَمَتِكَ نَاصِيَتِي بِيَدِكَ، مَاضٍ فِيَّ حُكْمُكَ، عَدْلٌ فِيَّ قَضَاؤُكَ أَسْأَلُكَ بِكُلِّ اسْمٍ هُوَ لَكَ سَمَّيْتَ بِهِ نَفْسَكَ أَوْ أَنْزَلْتَهُ فِي كِتَابِكَ، أَوْ عَلَّمْتَهُ أَحَداً مِنْ خَلْقِكَ أَوِ اسْتَأْثَرْتَ بِهِ فِي عِلْمِ الْغَيْبِ عِنْدَكَ أَنْ تَجْعَلَ الْقُرْآنَ رَبِيعَ قَلْبِي، وَنُورَ صَدْرِي وَجَلَاءَ حُزْنِي وَذَهَابَ هَمِّي.

Allahumma inni abduka, ibn 'abdika, ibn amatika, nasiyati biyadika, maadhin fiyya hukmuka, 'adlun fiyya qada'uka, as'aluka bi kulli ismin huwa laka sammayta bihi nafsaka, aw anzaltahu fi kitabika, aw 'allamtahu ahadan min khalqika, aw ista'tharta bihi fi 'ilmi al-ghaybi 'indaka, an taj'ala al-Qur'ana rabi'a qalbi, wa nura sadri, wa jalaa'a huzni wa dhahaba hammi.

„O Allah, ich bin Dein Diener, der Sohn Deines Dieners, der Sohn Deiner Dienerin, mein Haupt ist in Deiner Hand. Dein Urteil über mich ist im Gange, und Deine Entscheidung ist gerecht. Ich bitte Dich bei jedem Namen, der Dein ist, den Du Dir selbst gegeben hast, oder den Du in Deinem Buch offenbart hast, oder den Du einem Deiner Geschöpfe gelehrt hast, oder den Du im Wissen des Unbekannten bei Dir reserviert hast, den Koran zum Frühling meines Herzens, zum Licht meiner Brust, zur Auflösung meiner Traurigkeit und zur Beseitigung meiner Sorgen zu machen." [Musnad Ahmed 6/247]

„Nach dem Tod seiner geliebten Frau Khadijah und seines Onkels Abu Talib, die seine größten Unterstützer waren, reiste der Prophet Muhammad (ﷺ) in die Stadt Ta'if, um die Bewohner zum Islam einzuladen. Anstatt ihn freundlich zu empfangen, verspotteten die Anführer und die Bewohner von Ta'if ihn und forderten die Kinder und Randgruppen der Stadt auf, Steine auf ihn zu werfen, was ihm körperliche Verletzungen und emotionale Not zufügte."

„Nachdem er Ta'if verlassen hatte, suchte der Prophet (ﷺ) Zuflucht in einem Obstgarten außerhalb der Stadt. In diesem Moment enormen Schmerzes und der Verwundbarkeit wandte er sich in diesem tiefen Bittgebet an Allah, drückte seine Traurigkeit aus, suchte Trost und bekräftigte sein Vertrauen und seine völlige Abhängigkeit von Allah (ﷻ)."

اللّهُمَّ إِلَيْكَ أَشْكُو ضَعْفَ قُوَّتِي، وَقِلَّةَ حِيلَتِي، وَهَوَانِي عَلَى النَّاسِ، يَا أَرْحَمَ الرَّاحِمِينَ أَنْتَ رَبُّ الْمُسْتَضْعَفِينَ وَأَنْتَ رَبِّي، إِلَى مَنْ تَكِلُنِي؟ إِلَى بَعِيدٍ يَتَجَهَّمُنِي؟ أَمْ إِلَى عَدُوٍّ مَلَّكْتَهُ أَمْرِي؟ إِنْ لَمْ يَكُنْ بِكَ عَلَيَّ غَضَبٌ فَلَا أُبَالِي، وَلَكِنَّ عَافِيَتَكَ هِيَ أَوْسَعُ لِي، أَعُوذُ بِنُورِ وَجْهِكَ الَّذِي أَشْرَقَتْ لَهُ الظُّلُمَاتُ وَصَلُحَ عَلَيْهِ أَمْرُ الدُّنْيَا وَالْآخِرَةِ مِنْ أَنْ تُنْزِلَ بِي غَضَبَكَ، أَوْ يَحِلَّ عَلَيَّ سُخْطُكَ، لَكَ الْعُتْبَى حَتَّى تَرْضَى، وَلَا حَوْلَ وَلَا قُوَّةَ إِلَّا بِكَ.

Allahumma ilayka ashkoo du'fa quwwatee, wa qillata heelatee, wa hawaani 'ala an-naas, yaa arhamar-raahimeen! Anta rabbul-

mustad'afeena wa anta rabbee, ila man takilunee? Ilaa ba'eedin yatajah-hamunee? Am ilaa 'aduwwin mallaktahu amree? In lam yakun bika 'alayya ghadabun falaa ubaalee, wa laakinna 'aafiyatuka hiya awsa'u lee. A'oodhu binoori wajhika alladhee ashraqat lahu adh-dhulumaat wa saluha 'alayhi amrud-dunya wal-aakhirah min an tunzila biya ghadabak, aw yahilla 'alayya sakhatuka, laka al-'utbaa hatta tardhaa, wa laa hawla wa laa quwwata illaa bika.

„O Allah, ich teile Dir meine Schwäche, meinen Mangel an Mitteln und meine Unbedeutsamkeit in den Augen der Menschen mit. O Du, der Barmherzigste der Barmherzigen! Du bist der Herr der Unterdrückten, und Du bist mein Herr. Wem vertraust Du mich an? Einem Entfernten, der mich mit Verachtung ansieht? Oder einem Feind, dem Du Macht über mich gegeben hast? Wenn Du nicht zornig auf mich bist, kümmere ich mich nicht darum, aber Dein Schutz ist größer für mich. Ich suche Zuflucht im Licht Deines Angesichts, durch das die Dunkelheit sich auflöst und durch das die Angelegenheiten dieser Welt und des Jenseits geregelt werden, gegen den Fall, dass Dein Zorn über mich kommt oder dass Deine Missgunst mich erreicht. Dir sei die Tadelung bis Du zufrieden bist, und es gibt keine Kraft und keine Macht außer bei Dir." [Ibn Ishaq's "Sirat Rasul Allah, Ibn Hisham's "As-Sirah an-Nabawiyyah"]

Dua, um den Zorn zu besänftigen und Konflikte zu beseitigen

اللهُمَّ رَبَّ النَّبِيِّ مُحَمَّدٍ اغْفِرْ لِي ذَنْبِي وَأَذْهِبْ غَيْظَ قَلْبِي وَأَجِرْنِي مِنْ مُضِلّاتِ الفِتَنِ مَا أَحْيَيْتَنا .

Allahumma Rabba an-Nabiyyi Muhammad, ighfir li dhanbi wa adhhib ghaydha qalbi wa ajirni min mudhillati al-fitan ma ahyaytana.

„O Allah, Herr des Propheten Muhammad, vergib mir meine Sünde, besänftige den Groll in meinem Herzen und schütze mich vor abweichenden Prüfungen, solange Du uns leben lässt." [Musnad Ahmed 26576]

عَنْ ابْنِ عَبَّاسٍ رَضِيَ اللَّهُ عَنْهُمَا قَالَ: قَالَ رَسُولُ اللَّهِ (ﷺ): "مَنْ لَزِمَ الاستغْفَارَ، جَعَلَ اللَّهُ لَهُ مِن كُلِّ ضِيقٍ مَخْرَجًا وَمِن كُلِّ هَمٍّ فَرَجًا، وَرَزَقَهُ مِن حَيْثُ لَا يَحْتَسِبُ."

„Nach Ibn Abbas (möge Allah mit ihm zufrieden sein) sagte der Gesandte Allahs (ﷺ): 'Wer beharrlich um Vergebung bittet, dem wird Allah einen Ausweg aus jeder Schwierigkeit gewähren, eine Erleichterung aus jeder Sorge und ihn unerwartet versorgen.'" [El-Albani 5829, Abu Daoud 1518]

Duas, um um Schutz (Hifdh) zu bitten

„Der Islam legt großen Wert auf die Suche nach göttlichem Schutz durch Gebete und Bittgebete. Diese Gebete sind ein kraftvolles Mittel, um sich vor Gefahren, Übel und Unglücken zu schützen. Sie sind nicht nur einfache Rituale, sondern Akte des Glaubens, die unser Vertrauen in die Macht Allahs und Seine Güte gegenüber all Seiner Schöpfung stärken."

„Im Koran leiten uns viele Verse, um den Schutz Allahs zu erbitten. Zum Beispiel wurden Ayat al-Kursi, die Sure Al-Falaq und die Sure An-Nas speziell offenbart, um Zuflucht vor allen Formen des Übels zu suchen."

„Darüber hinaus bietet die Sunnah des Propheten Muhammad (ﷺ) eine reiche Sammlung von Bittgebeten, die er verwendete, um Allah um Schutz zu bitten. Diese Bittgebete decken verschiedene Lebensaspekte ab, darunter den Schutz vor physischen Gefahren, spirituellen Bedrohungen und täglichen Herausforderungen."

„Die Praktiken des Propheten (ﷺ) bieten uns einen umfassenden Leitfaden, wie wir den Schutz Allahs in unserem täglichen Leben suchen können. Ein bemerkenswertes Beispiel aus der Sunnah sind die bekannten Bittgebete am Morgen und am Abend (adhkar)."

Surah El-Falaq

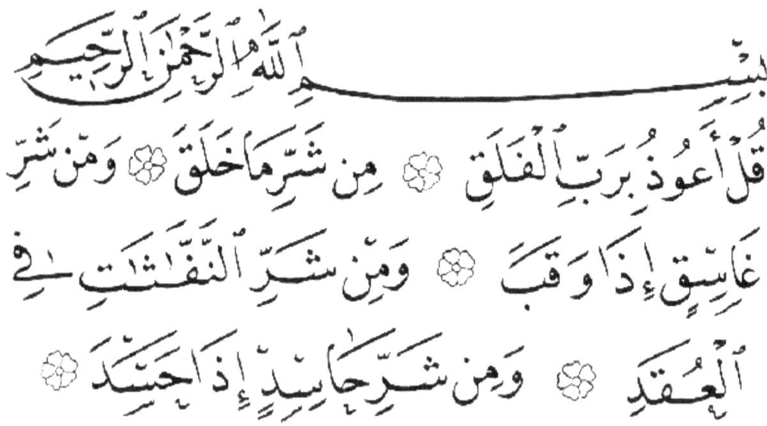

Qul a'udhu bi-Rabbi l-falaq	„Sag: Ich suche Zuflucht beim Herrn der frühen Morgendämmerung."
Min sharri ma khalaq	„Vor dem Übel dessen, was Er geschaffen hat."
Wa min sharri ghasiqin idha waqab	„Und vor dem Übel der Dunkelheit, wenn sie sich vertieft."
Wa min sharri n-naffathati fa l-'uqad	„Und vor dem Übel der Hexen, die auf die Knoten blasen."
Wa min sharri hasidin idha hasad.	„Und vor dem Übel des Neiders, wenn er neidisch ist."

Surah E-Nass

بِسۡمِ ٱللَّهِ ٱلرَّحۡمَٰنِ ٱلرَّحِيمِ

قُلۡ أَعُوذُ بِرَبِّ ٱلنَّاسِ ۝ مَلِكِ ٱلنَّاسِ ۝ إِلَٰهِ ٱلنَّاسِ ۝ مِن شَرِّ ٱلۡوَسۡوَاسِ ٱلۡخَنَّاسِ ۝ ٱلَّذِى يُوَسۡوِسُ فِى صُدُورِ ٱلنَّاسِ ۝ مِنَ ٱلۡجِنَّةِ وَٱلنَّاسِ ۝

Qul aʿudhu bi-Rabbi n-nas	„Sag: Ich suche Zuflucht beim Herrn der Menschen.“
Maliki n-nas,	„Der Herrscher der Menschen.“
Ilahi n-nas	„Der Gott der Menschen.“
Min sharri l-waswasi l-khannas	„Vor dem Übel des Versuchers, der flieht.“
Alladhi yuwaswisu fi suduri n-nas	„Der Zweifel in die Herzen der Menschen einflüstert.“
Mina l-jinnati wa n-nas.	„Von den Dschinn und den Menschen.“

„Duas, um Schutz vor Shaytan und dem Übel zu bitten:"

وَقُلْ رَبِّ اَعُوْذُ بِكَ مِنْ هَمَزَاتِ الشَّيْطِيْنِ . وَاَعُوْذُ بِكَ رَبِّ اَنْ يَّحْضُرُوْنِ .

Wa qul Rabbi 'a`outhubika min hamazaatish-shayaateeni, wa 'a`outhu bika rabbi 'ay-yahdhuroon.

„Und sage: ‚Mein Herr, ich suche Zuflucht bei Dir vor den Anreizen der Teufel. Und ich suche Zuflucht bei Dir, mein Herr, vor ihrer Anwesenheit bei mir.'" [Koran 23:97-98]

أَعُوذُ بِاللَّهِ السَّمِيعِ الْعَلِيمِ مِنَ الشَّيْطَانِ الرَّجِيمِ مِنْ هَمْزِهِ وَنَفْخِهِ وَنَفْثِهِ .

A'udhu billahi as-sami'i al-'alimi min ash-shaytani ar-rajimi min hamzihi wa nafkhihi wa nafthihi.

„Ich suche Zuflucht bei Allah, dem Hörenden, dem Allwissenden, gegen den verfluchten Satan, gegen seine Anreize, seinen Atem und seine Eingebungen." [Ibn Majah (808), Ahmed (3830)]

أَعُوذُ بِكَلِمَاتِ اللهِ التَّامَّاتِ مِنْ شَرِّ مَا خَلَقَ .

A'oothu bikalimaatil-laahit-taammaati min sharri maa khalaqa.

„Ich suche Zuflucht in den vollkommenen Worten Allahs gegen das Übel dessen, was Er geschaffen hat." (Dreimal auf Arabisch am Abend zu rezitieren.) [Sunan Abu Dawud: 3899]

فَاللَّهُ خَيْرٌ حَافِظًا وَهُوَ أَرْحَمُ الرَّاحِمِينَ.

Fa Allahu khayrun hafidhan, wa huwa arhamu ar-rahimin

„Allah ist der beste Wächter, und Er ist der Barmherzigste der Barmherzigen." [Koran 12:64]

أَعُوذُ بِكَلِمَاتِ اللهِ التَّامَّاتِ الَّتِي لَا يُجَاوِزُهُنَّ بَرٌّ وَلَا فَاجِرٌ مِنْ شَرِّ مَا خَلَقَ، وَذَرَأَ، وَبَرَأَ، وَمِنْ شَرِّ مَا يَنْزِلُ مِنَ السَّمَاءِ، وَمِنْ شَرِّ مَا يَعْرُجُ فِيهَا، وَمِنْ شَرِّ فِتَنِ اللَّيْلِ وَالنَّهَارِ، وَمِنْ شَرِّ كُلِّ طَارِقٍ إِلَّا طَارِقًا يَطْرُقُ بِخَيْرٍ، يَا رَحْمَنُ.

A'udhu bi-kalimati Allahi al-tammati allati la yajawazuhunna barrun wa-la fajir min sharri ma khalaq, wa-dhara'a, wa-bara'a, wa-min sharri ma yanzilu mina al-sama', wa-min sharri ma ya'ruju fiha, wa-min sharri fitani al-layl wa-al-nahar, wa-min sharri kulli tariqin illa tariqan yatruqu bi-khayr, ya Rahman.

„Ich suche Zuflucht in den vollkommenen Worten Allahs, die von keinem Rechten und keinem Sünder überschritten werden können, gegen das Übel dessen, was Er geschaffen, geformt und hervorgebracht hat, gegen das Übel dessen, was vom Himmel herabkommt und was dorthin aufsteigt, gegen das Übel der Prüfungen der Nacht und des Tages und gegen das Übel jedes nächtlichen Besuchers, außer dem, der mit Gutem kommt, o Barmherziger." [El-Albani 2995]

لاَ إِلَهَ إِلاَّ اللَّهُ وَحْدَهُ لاَ شَرِيكَ لَهُ لَهُ الْمُلْكُ وَلَهُ الْحَمْدُ يُحْيِي وَيُمِيتُ وَهُوَ عَلَى كُلِّ شَيْءٍ قَدِيرٌ.

La ilaha illa Allah wahdahu la sharika lahu lahu al-mulku wa lahu al-hamdu yuhyi wa yumitu wa huwa ʿala kulli shay'in qadir.

„Es gibt keine Gottheit, die Anbetung verdient, außer Allah, Ihm allein, ohne Partner. Ihm gehört die Herrschaft, Ihm gebührt das Lob. Er gibt das Leben und den Tod, und Er ist zu allem fähig." [Saheeh at-Targheeb, 472. At-Tirmidhee, Eng. trans., vol. 6, p. 194]

„Der Gesandte Allahs (ﷺ) sagte, dass wer dieses Dua am Ende jedes Fajr-Gebets zehnmal rezitiert, zehn gute Taten für ihn geschrieben werden, zehn schlechte Taten von ihm gelöscht werden, zehn Grade ihm erhöht werden und er den ganzen Tag über vor allem Abscheulichen geschützt sein wird."
„Er wird auch vor Shaytân geschützt sein, und an diesem Tag wird ihn keine Sünde berühren oder zerstören, außer dass er Partner zu Allah assoziiert."

„Und wer sie zehnmal am Ende des Maghrib-Gebets rezitiert, dem wird Allah Wächter senden, um ihn bis zum Morgen vor Shaytân zu schützen, und Allah wird ihm zehn gute Taten schreiben, Mujibat (die verpflichtend sind oder erfordern, dass er ins Paradies eintritt, siehe Tuhfatul-Ahwadhi), und Er wird zehn der zerstörerischen schlechten Taten von ihm löschen, und dies wird ihm der Befreiung von zehn gläubigen Sklaven gleichkommen."

Dua um Schutz vor Katastrophen zu bitten:

„Der Prophet Mohammed (ﷺ) sagte, dass wer das folgende Dua dreimal rezitiert, ihm nichts schaden wird, weder auf der Erde noch im Himmel, bis er den Abend erreicht. Und wer es dreimal am Abend rezitiert, dem wird bis zum Morgen nichts schaden, weder auf der Erde noch im Himmel."

بِسْمِ اللَّهِ الَّذِي لَا يَضُرُّ مَعَ اسْمِهِ شَيْءٌ فِي الْأَرْضِ وَلَا فِي السَّمَاءِ وَهُوَ السَّمِيعُ الْعَلِيمُ .

Bismillaahil-lathee laa yadhurru ma'as-mihi shay'un fil-'ardhi wa laa fis-samaa'i wa Huwas-Samee 'ul- 'Aleem.

„Im Namen Allahs, dessen Name nichts schaden kann, weder auf der Erde noch im Himmel, und Er ist der Hörende, der Allwissende." [Sunan Abi Dawud 5088]

„Dua um Schutz vor Krankheiten und Prüfungen zu bitten:"

اللَّهُمَّ إِنِّي أَعُوذُ بِكَ مِنَ الْبَرَصِ، وَالْجُنُونِ، وَالْجُذَامِ، وَمِنْ سَيِّئِ الْأَسْقَامِ .

Allah humma inni a'udhu bika minal-barasi, wal-jununi, wal-judhaami, wa min sayyi'il-asqaami.

„O Allah, ich suche Zuflucht bei Dir vor Lepra, Wahnsinn, geschwüriger Lepra und schlechten Krankheiten." [Abu Dawud 1554]

كَانَ إِذَا اشْتَكَى رَسُولُ اللهِ (ﷺ) رَقَاهُ جِبْرِيلُ، قَالَ: بِاسْمِ اللهِ يُبْرِيكَ، وَمِنْ كُلِّ دَاءٍ يَشْفِيكَ، وَمِنْ شَرِّ حَاسِدٍ إِذَا حَسَدَ، وَشَرِّ كُلِّ ذِي عَيْنٍ.

Bismi Allahi yubrika, wa min kulli da'in yashfika, wa min sharri hasidin idha hasad, wa sharri kulli dhi 'aynin.

„Als der Gesandte Gottes (ﷺ) litt, heilte ihn Jibril und sagte: ,Im Namen Gottes, Er heilt dich, von allem Übel heilt Er dich, gegen das Übel des Neiders, wenn er neidisch ist, und gegen das Übel aller, die einen bösen Blick haben.'" [Muslim (2185)]

„Dua zum Schutz der Kinder vor dem bösen Blick:"

أُعِيذُكَ بِكَلِمَاتِ اللهِ التَّامَّةِ مِنْ كُلِّ شَيْطَانٍ وَهَامَّةٍ، وَمِنْ كُلِّ عَيْنٍ لَامَّةٍ.

Uidhuka bikalimatil-lahit-tammati min kulli shaytaniw-wa haammah, wa min kulli 'ainin lammah

„Ich suche Schutz für euch beide (oder für euch) durch die vollkommenen Worte Allahs, gegen jeden Teufel, jede schädliche Kreatur und gegen jeden bösen Blick." [Al-Bukhari 3371]

„Duas zum Schutz vor Shirk (Vereinigung anderer mit Allah):"

اللَّهُمَّ إِنِّي أَعُوذُبِكَ أَنْ أُشْرِكَ بِكَ وَأَنَا أَعْلَمُ، وَأَسْتَغْفِرُكَ لِمَا لَا أَعْلَمُ.

Allahumma inni a'udhu bika an ushrika bika wa ana a'lam, wa astaghfiruka lima la a'lam.

„O Allah, ich suche Zuflucht bei Dir davor, Dich wissentlich mit etwas zu vereinen, und ich bitte um Vergebung für das, was ich nicht weiß." [El-Albani 3731]

عَنْ أَبِي هُرَيْرَةَ رَضِيَ اللهُ عَنْهُ أَنَّ أَبَا بَكْرٍ الصِّدِّيقَ رَضِيَ اللهُ عَنْهُ قَالَ: يَا رَسُولَ اللهِ مُرْنِي بِكَلِمَاتٍ أَقُولُهُنَّ إِذَا أَصْبَحْتُ وَإِذَا أَمْسَيْتُ، قَالَ: «قُلْ: اللَّهُمَّ فَاطِرَ السَّمَاوَاتِ وَالْأَرْضِ، عَالِمَ الْغَيْبِ وَالشَّهَادَةِ، رَبَّ كُلِّ شَيْءٍ وَمَلِيكَهُ، أَشْهَدُ أَنْ لَا إِلَهَ إِلَّا أَنْتَ، أَعُوذُ بِكَ مِنْ شَرِّ نَفْسِي وَشَرِّ الشَّيْطَانِ وَشِرْكِهِ، وَأَنْ أَقْتَرِفَ عَلَى نَفْسِي سُوءًا أَوْ أَجُرَّهُ إِلَى مُسْلِمٍ» قَالَ: «قُلْهَا إِذَا أَصْبَحْتَ، وَإِذَا أَمْسَيْتَ، وَإِذَا أَخَذْتَ مَضْجَعَكَ».

Allahumma Fatira al-samawati wal-ardi, 'Alima al-ghaybi wal-shahadah, Rabba kulli shay'in wa malika, ashhadu an la ilaha illa anta, a'udhu bika min sharri nafsi wa sharri al-shaytani wa shirkihi, wa an aqtarifa 'ala nafsi su'an aw ajurrahu ila Muslim

„Nach Abu Huraira (möge Allah mit ihm zufrieden sein) sagte Abu Bakr As-Siddiq (möge Allah mit ihm zufrieden sein): ‚O Gesandter Gottes, gebiete mir Worte, die ich morgens und abends sagen kann.' Er sagte: ‚Sag: O Allah, Schöpfer der Himmel und der Erde, Kenner des Unsichtbaren und des Sichtbaren, Herr aller Dinge und Ihr König, ich bezeuge, dass es keine Gottheit gibt außer Dir. Ich suche Zuflucht bei Dir vor dem Übel von mir selbst, dem Übel des Teufels und seiner Vereinigung, und dass ich mir selbst kein Unrecht tue oder ein Muslim nicht in Gefahr bringe.' Er sagte: ,Rezitiere dies morgens, abends und wenn du dich zur Ruhe legst.'" [At-Tirmidhi 3529, Ahmed 6597]

اللَّهُمَّ إِنِّي أَعوذُ بِك مِنْ أَنْ أَضِلَّ أَوْ أُضَلَّ أَوْ أَزِلَّ أَوْ أُزَلَّ أَوْ أَظْلِمَ أَوْ أُظْلَمَ أَوْ أَجْهَلَ أَوْ يُجْهَلَ عَلَيَّ .

Allahumma inni a'udhu bika min an adhilla aw udhalla aw azilla aw uzalla aw azlima aw uzlama aw ajhala aw yujhala alayya.

„O Allah, ich suche Zuflucht bei Dir davor, in die Irre zu gehen oder andere in die Irre zu führen, zu stolpern oder andere stolpern zu lassen, Unrecht zuzufügen oder Unrecht zu erleiden, unwissend zu sein oder ignoriert zu werden." [Abu Daoud 5094, At-Tirmidhi 3427]

„Dua, um Schutz vor Sünden zu bitten:"

اللَّهُمَّ بَاعِدْ بَيْنِي وَبَيْنَ خَطَايَايَ كَمَا بَاعَدْتَ بَيْنَ الْمَشْرِقِ وَالْمَغْرِبِ . اللَّهُمَّ نَقِّنِي مِنْ خَطَايَايَ كَمَا يُنَقَّى الثَّوْبُ الْأَبْيَضُ مِنَ الدَّنَسِ . اللَّهُمَّ اغْسِلْنِي مِنْ خَطَايَايَ بِالثَّلْجِ وَالْمَاءِ وَالْبَرَدِ .

Allahumma ba'id bayni wa bayna khatayaya kama ba'adta bayna al-mashriqi wa al-maghrib. Allahumma naqqini min khatayaya kama yunaqqa ath-thawbu al-abyadu mina ad-danas. Allahumma ighsilni min khatayaya bil-thalji wal-ma'i wal-barad.

„O Allah, entferne mich von meinen Sünden, wie Du den Sonnenaufgang von seinem Untergang entfernt hast. O Allah, reinige mich von meinen Sünden, wie ein weißes Kleidungsstück von Schmutz gereinigt wird. O Allah, wasche

mich von meinen Sünden mit Schnee, Wasser und Hagel." [Sahih Muslim 598]

„Dua, um Schutz vor schlechten Manieren und schlechtem Charakter zu bitten:"

اللَّهُمَّ إِنِّي أَعُوذُ بِكَ مِنْ مُنْكَرَاتِ الْأَخْلَاقِ والْأَعْمَالِ والْأَهْوَاءِ.

Allahumma inni a'udhu bika min munkarati al-akhlaqi wa al-a'mali wa al-ahwa'i.

„O Allah, ich suche Zuflucht bei Dir vor schlechten Sitten, schlechten Taten und schlechten Wünschen." [Sahih Tirmidhi 3591]

„Dua, um Schutz vor dem Irrtum zu bitten:"

اَللَّهُمَّ إِنِّي أَعُوذُ بِكَ مِنْ زَوَالِ نِعْمَتِكَ، وَتَحَوُّلِ عَافِيَتِكَ، وَفُجَاءَةِ نِقْمَتِكَ، وَجَمِيعِ سَخَطِكَ.

Allahumma inni a'udhu bika min zawali ni'matik, wa tahawwuli 'afiyatik, wa fuja'ati niqmatik, wa jami'i sakhatik.

„O Allah, ich suche Zuflucht bei Dir vor dem Verschwinden Deiner Gaben, der Veränderung Deiner Gesundheit, dem plötzlichen Auftreten Deines Zorns und all Deinen Missbilligungen." [Sahih Muslim 2739]

„Duas, um Schutz vor Schwierigkeiten, schädlichen Menschen und Feinden zu bitten:"

اللَّهُمَّ إِنِّي أَعُوذُ بِكَ مِنْ جَهْدِ الْبَلَاءِ وَدَرَكِ الشَّقَاءِ وَسُوءِ الْقَضَاءِ، وَشَمَاتَةِ الْأَعْدَاءِ .

Allahumma inni a'udhu bika min jahdil-bala'i wa darakish-shaqa'i wa su'il-qada'i, wa shamatati al-a'da'i.

„O Allah, ich suche Zuflucht bei Dir vor der Härte der Prüfung, der Bedrängnis des Leidens, dem schlechten Urteil und der Schadenfreude meiner Feinde." [Sahih Al-Bukhari #6347]

رَبَّنَا لاَ تَجْعَلْنَا فِتْنَةً لِّلْقَوْمِ الظَّالِمِين، وَنَجِّنَا بِرَحْمَتِكَ مِنَ الْقَوْمِ الْكَافِرِينَ .

Rabbana la taj'alna fitnatan lil-qawmi az-zalimin, wa-najjina bi-rahmatika mina al-qawmi al-kafirin.

„Unser Herr, mache uns nicht zu einer Prüfung für das ungerechte Volk und rette uns durch Deine Barmherzigkeit vor dem Volk der Ungläubigen." [Koran 10:85]

رَبَّنَا لَا تَجْعَلْنَا فِتْنَةً لِّلَّذِينَ كَفَرُوا وَاغْفِرْ لَنَا رَبَّنَا إِنَّكَ أَنتَ الْعَزِيزُ الْحَكِيمُ .

Rabbana la taj'alnā fitnatan lil-ladhina kafaru wa-ghfir lana rabbana innaka anta al-'azizu al-hakim.

„Unser Herr, mache uns nicht zu einer Prüfung für diejenigen, die nicht glauben, und vergib uns, unser Herr, denn Du bist der Allmächtige, der Weise." [Koran 60:5]

اللَّهُمَّ مُنْزِلَ الْكِتَابِ، سَرِيعَ الْحِسَابِ، اهْزِمِ الْأَحْزَابَ، اللَّهُمَّ اهْزِمْهُمْ وَزَلْزِلْهُمْ.

Allahumma munzil al-kitab, sari' al-hisab, ihzim al-ahzab, Allahumma ihzimhum wa zalzilhum.

„O Allah, der Du das Buch herabgesandt hast, der Du schnell im Abrechnen bist, besiege die Gruppen, o Allah, besiege sie und erschüttere sie." [Sahih Al-Bukhari 4115]

رَبَّنَا آتِهِمْ ضِعْفَيْنِ مِنَ الْعَذَابِ وَالْعَنْهُمْ لَعْنًا كَبِيرًا.

Rabbana atihim dhi'fayn min al-'adhabi wal'anhum la'na kabeera.

„Unser Herr, gib ihnen eine doppelte Strafe und verfluche sie mit einem großen Fluch." [Koran 33:68]

„Dieser Vers bezieht sich auf das Übel, das durch Magie verursacht wird. Es ist ein Bittgebet, das Allah (ﷻ) um Hilfe und Schutz vor jenen bittet, die Magie verwenden, um Schaden zuzufügen, sei es durch Zauberer oder böswillige Personen."

رَبِّ نَجِّنِي مِنَ ٱلْقَوْمِ ٱلظَّالِمِينَ.

Rabbi najjini mina al-qawmi az-zalimin.

„O mein Herr, rette mich vor dem ungerechten Volk." [Koran 28:21]

رَّبِّ ٱنصُرْنِي عَلَى ٱلْقَوْمِ ٱلْمُفْسِدِينَ .

Rabbi unsurni ʿala al-qawmi al-mufsidin.

„O mein Herr, gewähre mir den Sieg über das Volk der Verderbenden." [Koran 29:30]

رَّبِّ إِمَّا تُرِيَنِّي مَا يُوعَدُونَ، رَبِّ فَلَا تَجْعَلْنِي فِى ٱلْقَوْمِ ٱلظَّـٰلِمِينَ .

Rabbi imma turiyani ma yuʿadun, rabbi fala tajʿalni fi al-qawmi az-zalimin.

„O mein Herr, wenn Du mir zeigst, was ihnen versprochen wurde, dann mache mich nicht zu einem der ungerechten Menschen." [Koran 23:93-94]

„Dua für den Schutz in allen Bereichen des Lebens, einschließlich des Glaubens, des körperlichen und geistigen Schutzes, des Reichtums und der Familie:"

عَنْ أَبِي هُرَيْرَةَ رَضِيَ اللَّهُ عَنْهُ أَنَّ النَّبِيَّ (ﷺ) قَالَ: "مَنْ أَرَادَ أَنْ يُسَافِرَ فَلْيَقُلْ لِمَنْ يُخَلِّفُ: أَسْتَوْدِعُكُمُ اللَّهَ الَّذِي لَا تَضِيعُ وَدَائِعُهُ" .

Astawdiʿukum Allaha alladhi la tadiʿu wadaiʿuh.

„Nach Abu Huraira (möge Allah mit ihm zufrieden sein) sagte der Prophet (ﷺ): ‚Wer reisen will, soll zu denen, die er zurücklässt, sagen: Ich vertraue euch Allah an, dessen Anvertrautes niemals verloren geht.'" [Sahih Muslim 2532]

وَلَوْ قَالَ الإِنْسَانُ كُلَّ يَوم: أَسْتَوْدِعُ اللَّهَ الَّذِي لَا تَضِيعُ وَدَائِعُهُ؛ دِينِي وَنَفْسِي وَأَمَانَتِي وَخَوَاتِيمَ عَمَلِي وَبَيْتِي وَأَهْلِي وَمَالِي وَجَمِيعَ مَا أَنْعَمَ اللَّهُ بِهِ عَلَيَّ؛ لَحَفِظَ اللَّهُ لَهُ ذَلِكَ كُلَّهُ، وَلَمْ يَرَ مَا يَسُوؤُهُ فِيهِ، وَلَحُفِظَ مِنْ شُرُورِ الْجِنِّ وَالإِنْسِ أَجْمَعِينَ .

Astawdi'u Allaha al-ladhi la tadi'u wada'i'uhu; dini wa nafsi wa amanati wa khawatima 'amala wa bayti wa ahli wa mali wa jami'a ma an'ama Allahu bih 'alayya.

„Und wenn eine Person jeden Tag sagen würde: Ich vertraue Allah an, dessen Anvertrautes niemals verloren geht, meinen Glauben, meine Seele, mein Vertrauen, die letzten Taten meines Lebens, mein Haus, meine Familie, mein Hab und Gut und alles, was Allah mir gewährt hat; Allah würde all dies für ihn bewahren, und er würde nichts Unangenehmes daran sehen, und er würde vor den Übeln der Dschinn und der Menschen insgesamt geschützt sein."

اللَّهُمَّ إِنِّي أَسْأَلُكَ الْعَافِيَةَ فِي الدُّنْيَا وَالآخِرَةِ اللَّهُمَّ إِنِّي أَسْأَلُكَ الْعَفْوَ وَالْعَافِيَةَ فِي دِينِي وَدُنْيَايَ وَأَهْلِي وَمَالِي اللَّهُمَّ اسْتُرْ عَوْرَاتِي وَآمِنْ رَوْعَاتِي اللَّهُمَّ احْفَظْنِي مِنْ بَيْنِ يَدَيَّ وَمِنْ خَلْفِي وَعَنْ يَمِينِي وَعَنْ شِمَالِي وَمِنْ فَوْقِي وَأَعُوذُ بِعَظَمَتِكَ أَنْ أُغْتَالَ مِنْ تَحْتِي .

Allahumma inni as'aluka al-'afiyata fid-dunya wal-akhirah. Allahumma inni as'aluka al-'afwa wal-'afiyata fi dini wa dunyaya wa ahli wa mali. Allahumma astur 'awratī wa amin raw'ati. Allahumma ihfazni min bayni yadayya wa min khalfī wa 'an yamini wa 'an shimali wa min fawqī, wa a'udhu bi 'azamatika an ughtala min tahti.

„O Allah, ich bitte Dich um Gesundheit in dieser Welt und im Jenseits. O Allah, ich bitte Dich um Vergebung und Gesundheit in meiner Religion, meinem Leben, meiner Familie und meinem Besitz. O Allah, bedecke meine Schwächen und beruhige meine Ängste. O Allah, beschütze mich von vorne, von hinten, von rechts, von links und über mir. Und ich suche Zuflucht in Deiner Größe davor, von unten angegriffen zu werden." [Abu Dawud 5074 und Ibn Majah 3871]

اللَّهُمَّ اقْسِمْ لَنَا مِنْ خَشْيَتِكَ مَا تَحُولُ بِهِ بَيْنَنَا وَبَيْنَ مَعَاصِيكَ، وَمِنْ طَاعَتِكَ مَا تُبَلِّغُنَا بِهِ جَنَّتَكَ، وَمِنَ الْيَقِينِ مَا تُهَوِّنُ بِهِ عَلَيْنَا مَصَائِبَ الدُّنْيَا. اللَّهُمَّ مُتِّعْنَا بِأَسْمَاعِنَا وَأَبْصَارِنَا وَقُوَّتِنَا مَا أَحْيَيْتَنَا، وَاجْعَلْهُ الْوَارِثَ مِنَّا، وَاجْعَلْ ثَأْرَنَا عَلَى مَنْ ظَلَمَنَا، وَانْصُرْنَا عَلَى مَنْ عَادَانَا، وَلَا تَجْعَلْ مُصِيبَتَنَا فِي دِينِنَا، وَلَا تَجْعَلِ الدُّنْيَا أَكْبَرَ هَمِّنَا، وَلَا مَبْلَغَ عِلْمِنَا، وَلَا تُسَلِّطْ عَلَيْنَا مَنْ لَا يَرْحَمُنَا.

Allahumma aqsim lana min khashyatika ma tahoolu bihi baynana wa bayna ma'aasiika, wa min ta'aatika ma tuballighuna bihi jannataka, wa mina al-yaqeeni ma tuhayyinu bihi 'alayna masa'ibi ad-dunya. Allahumma mutti'na bi asma'ina wa absarina wa quwwatina ma ahyaytana, wa aj'ilhu al-warith minna, wa aj'il tha'raana 'ala man zhalamana, wa ansurna 'ala man 'aadanana, wa la taj'al musibatana fi deenina, wa la taj'al ad-dunya akbara hammina, wa la mablagha 'ilmina, wa la tusalliq 'alayna man laa yarhamuna.

„O Allah, gewähre uns von Deiner Ehrfurcht so viel, dass wir uns nicht Deinen Geboten widersetzen, und von Deinem Gehorsam so viel, dass er uns in Dein Paradies führt, und von der Gewissheit so viel, dass sie uns die Prüfungen dieser Welt erleichtert. O Allah, lass uns unsere Ohren, unsere Augen und unsere Kraft genießen, solange wir leben, und mache sie zu unseren Erben. Richte unsere Rache gegen diejenigen, die uns unterdrückt haben, und gewähre uns den Sieg über diejenigen, die uns feindlich gesinnt sind. Mache unsere Prüfungen nicht zu denen unserer Religion, und mache diese Welt nicht zu

unserer größten Sorge oder dem Ende unseres Wissens, und gib niemandem
Macht über uns, der uns keine Barmherzigkeit zeigt."
[At-Tirmidhi 3502, An-Nisa'i 10234]

„Dua, um Schutz vor Armut und der Last der Schulden zu bitten:"

اللَّهُمَّ إِنِّي أَعُوذُ بِكَ مِنَ الهَمِّ والحَزَنِ، والعَجْزِ والكَسَلِ، والبُخْلِ، والجُبْنِ، وضَلَعِ الدَّيْنِ، وغَلَبَةِ الرِّجالِ.

*Allahumma inni a'udhu bika min al-hammi wal-hazan, wal-'ajzi wal-
kasal, wal-bukhli wal-jubn, wa dala'id-dayn, wa ghalabatir-rijal.*

„O Allah, ich suche Zuflucht bei Dir vor Kummer und Traurigkeit, vor
Unvermögen und Faulheit, vor Geiz und Feigheit, vor der Last der Schulden
und vor der Unterdrückung durch Menschen."
[Sahih Bukhari 6369]

اللَّهُمَّ رَبَّ السَّمَوَاتِ وَرَبَّ الأَرْضِ وَرَبَّ العَرْشِ العَظِيمِ، رَبَّنَا وَرَبَّ كُلِّ شيءٍ، فَالِقَ الحَبِّ وَالنَّوَى، وَمُنْزِلَ التَّوْرَاةِ وَالإِنْجِيلِ وَالْفُرْقَانِ، أَعُوذُ بِكَ مِن شَرِّ كُلِّ شيءٍ أَنْتَ آخِذٌ بِنَاصِيَتِهِ، اللَّهُمَّ أَنْتَ الأَوَّلُ فليسَ قَبْلَكَ شيءٌ، وَأَنْتَ الآخِرُ فليسَ بَعْدَكَ شيءٌ، وَأَنْتَ الظَّاهِرُ فليسَ فَوْقَكَ شيءٌ، وَأَنْتَ البَاطِنُ فليسَ دُونَكَ شيءٌ، اقْضِ عَنَّا الدَّيْنَ، وَأَغْنِنَا مِنَ الفَقْرِ.

*Allahumma Rabba as-samawati wa Rabba al-ardhi wa Rabba al-'arshi
al-'azim, Rabbana wa Rabba kulli shay'in, Faliqa al-habbi wa an-nawa,
wa munzila at-Tawrati wal-Injili wal-Furqan, a'udhu bika min sharri*

kulli shay'in anta akhidun binasiyatihi, Allahumma anta al-awwalu falaysa qablaka shay'un, wa anta al-akhiru falaysa ba'daka shay'un, wa anta az-zahiru falaysa fawqaka shay'un, wa anta al-batinu falaysa dunaka shay'un, iqdi 'anna ad-dayna, wa aghnina min al-faqr.

„O Allah, Herr der Himmel und Herr der Erde, Herr des gewaltigen Thrones, unser Herr und Herr über alles, der Du die Saat und die Kerne spalten lässt, Offenbarer der Thora, des Evangeliums und des Korans, ich suche Zuflucht bei Dir vor dem Übel all dessen, was Du bestimmst. O Allah, Du bist der Erste, und nichts ist vor Dir, Du bist der Letzte, und nichts ist nach Dir, Du bist der Offenbare, und nichts ist über Dir, Du bist der Verborgene, und nichts ist unter Dir. Tilge unsere Schulden und bewahre uns vor der Armut.“

[Sahih Muslim 2713]

„Dua, um Schutz vor den Folgen seiner Taten und Unterlassungen zu bitten:“

اللَّهُمَّ إِنِّي أَعُوذُ بكَ مِن شَرِّ ما عَمِلْتُ، وَشَرِّ ما لَمْ أَعْمَلْ.

Allahumma inni a'udhu bika min sharri ma 'amiltu, wa-sharri ma lam a'mal.

„O Allah, ich suche Zuflucht bei Dir vor dem Übel, das ich getan habe, und vor dem Übel, das ich noch nicht getan habe.“

[Sahih Muslim 2716]

„Dua, um Schutz vor dem möglichen Übel zu bitten, das von seinen Sinnen, Worten, Gedanken und Wünschen ausgehen kann:"

اللَّهُمَّ إِنِّي أُعُوذُ بِكَ مِنْ شَرِّ سَمْعِي، وَمِنْ شَرِّ بَصَرِي، وَمِنْ شَرِّ لِسَانِي، وَمِنْ شَرِّ قَلْبِي، وَمِنْ شَرِّ مَنِيِّي .

Allahumma inni aʿudhu bika min sharri samʿi, wa-min sharri basari, wa-min sharri lisani, wa-min sharri qalbi, wa-min sharri maniyyi.

„O Allah, ich suche Zuflucht bei Dir vor dem Übel meines Gehörs, vor dem Übel meines Sehens, vor dem Übel meiner Zunge, vor dem Übel meines Herzens und vor dem Übel meiner Wünsche."
[Abu Daoud 1551]

Duas, um Vergebung (Istighfar) zu bitten

Die Menschen sind von Natur aus anfällig für Vergessen, Fehler und Versuchung. Manchmal können persönliche Begierden, der Einfluss schlechter Gesellschaft oder die Prüfungen des Lebens eine Person dazu bringen, Allah (ﷻ) ungehorsam zu sein und von Seinen Geboten abzuweichen. Diese Momente der Schwäche können zu Sünden führen, sei es kleine oder große, die ein Gefühl von Schuld und Verzweiflung hervorrufen.

Doch es ist immer möglich, Allah (ﷻ) um Vergebung zu bitten und auf den rechten Weg zurückzukehren. Allah (ﷻ) hält in Seiner unendlichen Barmherzigkeit die Tore der Vergebung offen, um diejenigen gnädig aufzunehmen, die aufrichtig bereuen, egal wie schwer ihre Sünden sind. Wie Er im Heiligen Koran sagt:

'Oh Meine Diener, die ihr gegen euch selbst maßlos geworden seid, verzweifelt nicht an Allahs Barmherzigkeit. Wahrlich, Allah vergibt alle Sünden. Denn Er ist der Vergebende, der Barmherzige.' [Koran 39:53]

Hier sind einige kraftvolle Bittgebete, um Allahs Vergebung und Zufriedenheit zu erbitten:

Rabbana dhalamna anfusana wa-in lam taghfir lana wa-tarhamna la-nakunanna minal-khasirin.

„O unser Herr, wir haben uns selbst Unrecht getan, und wenn Du uns nicht vergibst und uns nicht barmherzig bist, werden wir gewiss zu den Verlierern gehören." [Koran 7:23]

Rabbanaaa innanaaa aamannaa faghfir lanaa dhunoobanaa wa qinaa 'adhaaban Naar.

„O unser Herr, wir haben geglaubt, so vergib uns unsere Sünden und bewahre uns vor der Strafe des Feuers."
[Koran 3:16]

Rabbana fa-ghfir lana dhunuubana wa-kaffir anna sayyi-aatina wa-tafawwafaa maal-abrar.

„O unser Herr, vergib uns unsere Sünden, tilge unsere schlechten Taten und lass uns in der Gemeinschaft der Gerechten sterben."[Koran 3:193]

اللَّهُمَّ اغْفِرْ لِي ذَنْبِي كُلَّهُ دِقَّهُ وَجِلَّهُ وَأَوَّلَهُ وَآخِرَهُ وَعَلَانِيَتَهُ وَسِرَّهُ.

Allahummaghfirli dhzambi kul lahu diqqahu wa jillahu wa awwalahu wa aakhirahu wa 'ala niyatahu wa sirrohu.

„O Allah, vergib mir all meine Sünden, die kleinen und die großen, die ersten und die letzten, die ich offen und im Verborgenen begangen habe."
[Sahih Muslim 483]

وَمَا كَانَ قَوْلَهُمْ إِلَّا أَن قَالُوا رَبَّنَا اغْفِرْ لَنَا ذُنُوبَنَا وَإِسْرَافَنَا فِي أَمْرِنَا وَثَبِّتْ أَقْدَامَنَا وَانصُرْنَا عَلَى الْقَوْمِ الْكَافِرِينَ.

Wa maa kaana qawlahum illaa an qaaloo Rabbanagh fir lanaa dhunoobanaa wa israafanaa fee amirnaa wa sabbit aqdaamanaa wansurnaa 'alal qawmil kaafireen

„Und ihr Wort war nur dies: ‚O unser Herr, vergib uns unsere Sünden und unsere Übertreibungen in unserem Verhalten, festige unsere Schritte und gewähre uns den Sieg über das Volk der Ungläubigen.'"
[Koran 3:147]

وَقُل رَّبِّ اغْفِرْ وَارْحَمْ وَأَنتَ خَيْرُ الرَّحِمِينَ.

Wa-qul rabbi ighfir wa-rham wa-anta khayru ar-rahimin.

„Und sprich: ‚O mein Herr, vergib und erbarme Dich, denn Du bist der Beste der Barmherzigen.'" [Koran 23:118]

Das folgende Bittgebet wird häufig während des Ramadan, insbesondere in den letzten zehn Nächten, rezitiert, um Allah um Vergebung und Barmherzigkeit zu bitten:

Allahumma innaka ʿafuwwun tuḥibbu al-ʿafwa fa-ʿfu ʿanna.

„O Allah, Du bist der Vergebende und Du liebst die Vergebung, also vergib uns." [At-Tirmidhi 205]

Subhaana-Allahi wa bihamdihi, Astaghfirullaha, wa atuubu ilaihi

„Ehre sei Allah und Lob gebührt Ihm, ich bitte Allah um Vergebung und kehre zu Ihm um." [Muslim 484]

Allahumma-ghfir lii maa qaddamtu wa maa akh-khortu wa maa asrortu wa maa a'lantu wa maa anta a'lamu bihi minnii, anta Al-Muqaddimu wa anta Al-Muakh-khiru wa anta alaa kulli shai-in qadir

„O Allah, vergib mir, was ich zuvor getan habe und was ich später getan habe, was ich verborgen habe und was ich offenbart habe, und was Du besser über mich weißt. Du bist derjenige, der voranschreitet und derjenige, der zurückgeht, und Du bist zu allem fähig." [Muslim 771]

اللّٰهُمَّ إِنِّي أَسْأَلُكَ بِرَحْمَتِكَ الَّتِي وَسِعَت كُلَّ شَيء، أَنْ تَغْفِرَ لِي .

Allaahumma 'innee 'as'aluka birahmatikal-latee wasi'at kulla shay'in 'an taghfira lee

„O Allah, ich bitte Dich um Deine Barmherzigkeit, die alles umfasst, mir zu

vergeben." [Ibn Majah: 1753]

„Dua, um Allah um Vergebung und Zufriedenheit zu bitten:"

اللَّهُمَّ أَعُوذُ بِرِضَاكَ مِنْ سَخَطِكَ، وَبِمَعْفَاتِكَ مِنْ عُقُوبَتِكَ، وَأَعُوذُ بِكَ مِنْكَ، لَا أُحْصِي ثَنَاءً عَلَيْكَ، أَنْتَ كَمَا أَثْنَيْتَ عَلَى نَفْسِكَ .

Allahumma a'udhu biridhaka min sakhatika, wa bimo'afatika min 'uqubatika, wa a'udhu bika minka, laa uhsi thanaa'an 'alayk, anta kama athnayta 'ala nafsika.

„O Allah, ich suche Zuflucht in Deinem Wohlgefallen vor Deinem Zorn und in Deiner Nachsicht vor Deiner Strafe. Ich suche Zuflucht bei Dir, ich kann Dich nicht loben, wie Du Dich selbst lobst."

(Dieser Hadith wird von Imam Muslim (486), Abu Dawood (879), At-Tirmidhi (3493), An-Nasai (1130), Ibn Majah (3841) und Ahmad (25655) überliefert.)

اللَّهُمَّ إِنِّي ظَلَمْتُ نَفْسِي ظُلْمًا كَثِيرًا، وَلَا يَغْفِرُ الذُّنُوبَ إِلَّا أَنْتَ، فَاغْفِرْ لِي مَغْفِرَةً مِنْ عِنْدِكَ، وَارْحَمْنِي، إِنَّكَ أَنْتَ الْغَفُورُ الرَّحِيمُ.

Allahumma inni zalamtu nafsi zulman kathiran, wa la yaghfiru adhdhunooba illa anta, faghfir li maghfiratan min 'indika, warhamni, innaka anta al-Ghafooru ar-Raheem.

„O Allah, ich habe meiner Seele in großem Maße Unrecht getan, und niemand vergibt die Sünden außer Dir. Vergib mir eine Vergebung von Dir und erbarme Dich meiner, denn Du bist der Vergebende, der Barmherzige."

[At-Tirmidhi 3531]

رَبِّ إِنِّي أَعُوذُ بِكَ أَنْ أَسْأَلَكَ مَا لَيْسَ لِي بِهِ عِلْمٌ وَإِلَّا تَغْفِرْ لِي وَتَرْحَمْنِي أَكُن مِّنَ الْخَاسِرِينَ.

Rabbi inni a'udhu bika an as'alaka ma laysa li bihi 'ilm, wa-illa taghfir li wa-tarhamni akun mina al-khasirin.

„O mein Herr, ich suche Zuflucht bei Dir davor, Dich um das zu bitten, wovon ich kein Wissen habe. Und wenn Du mir nicht vergibst und mir nicht Barmherzigkeit zeigst, werde ich gewiss zu den Verlierern gehören."
[Koran 11:47]

اللَّهُمَّ اغْفِرْ لِي خَطِيئَتِي وَجَهْلِي وَإِسْرَافِي فِي أَمْرِي وَمَا أَنْتَ أَعْلَمُ بِهِ مِنِّي، اللَّهُمَّ اغْفِرْ لِي جِدِّي وَهَزْلِي وَخَطَئِي وَعَمْدِي وَكُلُّ ذَلِكَ عِنْدِي، اللَّهُمَّ اغْفِرْ لِي مَا قَدَّمْتُ وَمَا أَخَّرْتُ وَمَا أَسْرَرْتُ وَمَا أَعْلَنْتُ وَمَا أَنْتَ أَعْلَمُ بِهِ مِنِّي، أَنْتَ الْمُقَدِّمُ وَأَنْتَ الْمُؤَخِّرُ وَأَنْتَ عَلَى كُلِّ شَيْءٍ قَدِيرٌ .

Allahum-maghfir li khati'ati, wa jahli, wa israfi fi amri, wa ma anta a'lamu bihi minni. Allahum-maghfir li jiddi wa hazli, wa khata'e wa 'amdi, wa kullu dhalika 'indi. Allahum-maghfir li ma qaddamtu wa ma akhkhartu, wa ma asrartu, wa ma a'lantu, wa ma anta a'lamu bihi minni, antal-Muqaddimu, wa antal-Mu'akhkhiru; wa anta 'ala kulli shai'in Qadir.

„O Allah, vergib mir meine Sünden, meine Unwissenheit, meine Übertreibungen in meinen Angelegenheiten und das, was Du besser über mich weißt. O Allah, vergib mir meine Aufrichtigkeit und meine Nachlässigkeit, meine Fehler und meine absichtlichen Taten, all dies liegt in meiner Hand. O Allah, vergib mir, was ich zuvor getan habe und was ich später getan habe, was ich verborgen habe und was ich offenbart habe, und das, was Du besser über mich weißt. Du bist derjenige, der voranschreitet und derjenige, der zurückgeht, und Du bist zu allem fähig.“

[Überliefert von al-Bukhari, Nr. 6398, 6399 und Muslim, Nr. 2719 (in dieser Form)]

Sayyidul istighfar

„Sayyidu al-Istighfar, oft als ‚Der Meister des Bittgebets um Vergebung‘ bezeichnet, ist ein kraftvolles Bittgebet um Vergebung im Islam. Dieses Bittgebet gilt als eine der besten Möglichkeiten, um Allah um Vergebung zu bitten, wie in verschiedenen Hadithen überliefert wird. Der Prophet (ﷺ) sagte: ‚Die beste Art, Allah (ﷻ)

um Vergebung zu bitten, ist dieses Dua. Wenn jemand es tagsüber mit festem Glauben spricht und am selben Tag vor dem Abend stirbt, wird er zu den Bewohnern des Paradieses gehören; und wenn jemand es nachts mit festem Glauben spricht und vor dem Morgen stirbt, wird er ebenfalls zu den Bewohnern des Paradieses gehören.' (Bukhari, Band 8, Buch 75, Nummer 318)"

اللَّهُمَّ أَنْتَ رَبِّي، لاَ إِلَهَ إِلاَّ أَنْتَ، خَلَقْتَنِي وَأَنَا عَبْدُكَ، وَأَنَا عَلَى عَهْدِكَ وَوَعْدِكَ مَا اسْتَطَعْتُ، أَعُوذُ بِكَ مِنْ شَرِّ مَا صَنَعْتُ، أَبُوءُ لَكَ بِنِعْمَتِكَ عَلَيَّ وَأَبُوءُ لَكَ بِذَنْبِي، فَاغْفِرْ لِي، فَإِنَّهُ لاَ يَغْفِرُ الذُّنُوبَ إِلاَّ أَنْتَ .

Allahumma anta rabbi laaa ilaaha illa anta. Khalaqtani wa ana Abduka,wa ana `ala `ahdika wa wa`dika mastata`tu, Audhu bika min Sharri ma sanatu, abu'u Laka binimatika `alaiya, wa abu'u laka bidhanbi faghfir lee fa innahu la yaghfiru adhdhunuba illa anta

„O Allah, Du bist mein Herr, es gibt keine Gottheit außer Dir. Du hast mich erschaffen und ich bin Dein Diener, und ich bin Dir nach meinen Fähigkeiten verpflichtet. Ich suche Zuflucht bei Dir vor dem Übel, das ich getan habe. Ich erkenne Deine Wohltaten an, die Du mir erwiesen hast, und ich erkenne meine Sünden an. Vergib mir, denn niemand vergibt die Sünden außer Dir."
[Sahih Bukhari 6306]

Bittgebete, um nach Führung (Hidayah) zu fragen

Allah (ﷻ) ist der einzige Führer, und von Ihm geführt zu werden, bedeutet, unter göttlicher, vollkommener und unfehlbarer Leitung zu stehen. Als höchster Führer besitzt Allah (ﷻ) unendliches Wissen und absolute Weisheit und bietet jedem Gläubigen das notwendige Licht, um durch die Komplexitäten des Lebens zu navigieren. Von Allah (ﷻ) geführt zu werden bedeutet, auf den Weg der Wahrheit und Rechtschaffenheit geleitet zu werden, fern von Abwegen und Fehlern. Diese Führung verleiht Klarheit, um das Gute vom Bösen zu unterscheiden, und Kraft, um Herausforderungen mit Glauben und Vertrauen in die Weisheit Allahs zu überwinden. Diese Führung ist nicht nur eine Hilfe in Zeiten der Not, sondern eine fortwährende Quelle der Leitung und des Segens, die jeden Aspekt des Lebens eines Gläubigen bereichert.

$$\text{أَهْدِنَا ٱلصِّرَٰطَ ٱلْمُسْتَقِيمَ.}$$

Ihdina as-sirat al-mustaqim.

"Führe uns auf den geraden Weg." [Koran: 1/5]

Dieses Bittgebet ist Teil der Sure Al-Fatiha, dem Eröffnungskapitel des Korans, das mindestens 17 Mal am Tag in den Pflichtgebeten rezitiert wird. Es bittet um vollständige Führung auf dem „geraden Weg", der alle Aspekte des Lebens eines Gläubigen abdeckt, einschließlich des persönlichen Verhaltens, des spirituellen Wachstums und der Entscheidungen in weltlichen und religiösen Angelegenheiten.

$$\text{رَبَّنَآ ءَاتِنَا مِن لَّدُنكَ رَحْمَةً وَهَيِّئْ لَنَا مِنْ أَمْرِنَا رَشَدًا.}$$

Rabbana atina min ladunka rahmatan wa hayyi' lana min amrina rashada.

"O unser Herr, gewähre uns Deine Barmherzigkeit und bestimme für uns in unserer Angelegenheit einen guten Erfolg." [Koran: 18:10]

Diese Bittgebet wird von den Jugendlichen der Höhle in der Sure Al-Kahf rezitiert.

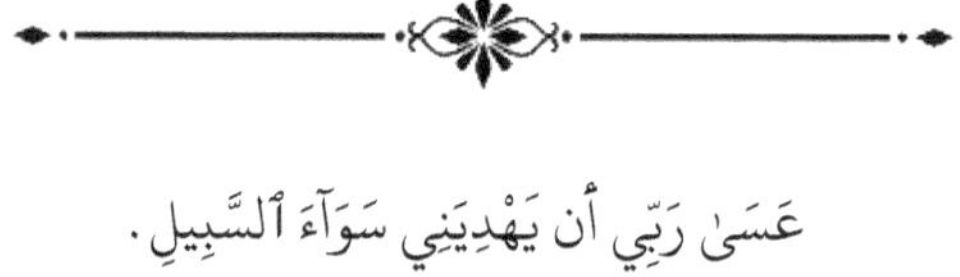

$$\text{عَسَىٰ رَبِّي أَن يَهْدِيَنِي سَوَآءَ ٱلسَّبِيلِ.}$$

'asa rabbi an yahdiyani sawa'a as-sabil.

"Mein Herr könnte mich auf den rechten Weg führen." [Koran: 28:22]

اللَّهُمَّ إِنِّي أَسْأَلُكَ الْهُدَى وَالتُّقَى وَالْعَفَافَ وَالْغِنَى .

Allahumma inni as'aluka al-huda wa-at-tuqa wa-al-ʿafafa wa-al-ghina

"O Allah, ich bitte Dich um Führung, Frömmigkeit, Keuschheit und Fülle." [At-Tirmidhi 3489, Muslim 2721]

اللَّهُمَّ اهْدِنِي وَسَدِّدْنِي وَاذْكُرْ بِالْهُدَى هِدَايَتَكَ السَّبِيلَ وَذَكِّرْنِي مِنَ الْهِدَايَةِ مَا نَسِيتُ .

Allahumma ihdini wa saddidni wa uthkur bil-huda hadayataka as-sabeel wadhakirni minal-hidayati ma naseetu.

"O Allah, führe mich und stärke mich. Erinner mich an Deinen Leitungsweg und lass mich an das erinnern, was ich von der Führung vergessen habe." [Sahih Muslim 2725]

Die folgende Bittgebet ist bekannt als "دُعَاءُ قُنُوتِ الْوِتْرِ". Es ist eine Anrufung, die während des Witr-Gebets, direkt vor dem Verbeugen (ruku'), rezitiert wird, das das letzte Gebet der Nacht im Islam ist. Der Begriff 'قُنُوت' bezieht sich auf einen Zustand der Demut und Unterwerfung, und während dieses Teils des Gebets macht der Gläubige mit Inbrunst Bittgebete und fleht Allah an.

اللَّهُمَّ اهْدِنِي فِيمَنْ هَدَيْت، وَعَافِنِي فِيمَنْ عَافَيْت، وَتَوَلَّنِي فِيمَنْ تَوَلَّيْت، وَبَارِكْ لِي فِيمَا أَعْطَيْت، وَقِنِي شَرَّ مَا قَضَيْت، فَإِنَّكَ تَقْضِي وَلَا يُقْضَى عَلَيْك ، إِنَّهُ لَا يَذِلُّ مَنْ وَالَيْت، [وَلَا يَعِزُّ مَنْ عَادَيْت]، تَبَارَكْتَ رَبَّنَا وَتَعَالَيْت .

Allahumma ihdini fi man hadayt, wa 'aafini fi man 'aafayt, wa tawallani fi man tawallayt, wa barik li fi ma a'tayt, waqini sharra ma qadayt, fa innaka taqdi wa la yuqda 'alayk. Innahu la yadhillu man walaayt, [wa laa ya'izzu man 'aadait], tabaarakta Rabbana wa ta'aalayt.

"O Allah, leite mich unter denen, die Du geleitet hast, gewähre mir Gesundheit unter denen, die Du unterstützt hast, kümmere Dich um mich unter denen, die Du unter Deinen Schutz genommen hast, segne mich in dem, was Du mir gegeben hast, und bewahre mich vor dem Übel, das Du bestimmt hast, denn Du entscheidest und niemand kann gegen Dich entscheiden. Wahrlich, derjenige, den Du unterstützt, wird niemals erniedrigt, und derjenige, dem Du entgegenstehst, wird niemals geehrt. O unser Herr, Du bist gesegnet und Du bist erhaben." [Abu Dawud, An-Nasa'i, At-Tirmidhi 1/144, Sahih Ibn Majah 1/194]

Bittgebete, um nach Führung zur Wahrheit zu fragen

اللَّهُمَّ رَبَّ جِبْرِيلَ وَمِيكَائِيلَ وَإِسْرَافِيلَ، خَالِقَ السَّمَاوَاتِ وَالْأَرْضِ، عَالِمَ الْغَيْبِ وَالشَّهَادَةِ، أَنْتَ تَحْكُمُ بَيْنَ عِبَادِكَ فِيمَا كَانُوا فِيهِ يَخْتَلِفُونَ، اللَّهُمَّ اهْدِنِي فِيمَا اخْتُلِفَ فِيهِ إِلَى الْحَقِّ بِإِذْنِكَ، إِنَّكَ تَهْدِي مَنْ تَشَاءُ إِلَى صِرَاطٍ مُسْتَقِيمٍ.

Allahumma ya Rabba Jibrila wa Mika'ila wa Israfila, Khaliqa al-samawati wal-ardi, 'Alima al-ghaybi wal-shahadati, anta tahkumu bayna 'ibadika fima kanu fihi yakhtalifun, Allahumma ihdini fima ukhtulifa fihi ila al-haqqi bi'idhnik, innaka tahdi man tasha'u ila siratin mustaqim.

"O Allah, Herr von Jibril, Mikail und Israfil, Schöpfer der Himmel und der Erde, Kenner des Unsichtbaren und des Offensichtlichen, Du bist es, der zwischen Deinen Dienern über das richtet, worüber sie sich uneinig sind. O Allah, leite mich in dem, worüber sie sich uneinig sind, zur Wahrheit, mit

Deiner Erlaubnis. Wahrlich, Du leitest, wen Du willst, auf den geraden Weg." [Muslim 770]

رَبَّنَا افْتَحْ بَيْنَنَا وَبَيْنَ قَوْمِنَا بِالْحَقِّ وَأَنتَ خَيْرُ ٱلْفَٰتِحِينَ .

Rabbana iftah baynana wa-bayna qawmina bil-haqqi wa-anta khayru al-fatiheen.

"Seigneur, ouvre entre nous et notre peuple par la vérité, car Tu es le meilleur des ouvreurs." [Coran 7:89]

Bittgebet, um nach Standhaftigkeit im Glauben zu fragen

اللَّهُمَّ ثَبِّتْنِي وَاجْعَلْنِي هَادِيًا مَهْدِيًّا

Allahumma thabbitni wa aj'alni hadiyan mahdiyya.

"O Allah, stärke mich und mache mich zu einem gut geleiteten Führer." [Sahih Bukhari 3076]

رَبِّ أَعِنِّي وَلَا تُعِنْ عَلَيَّ، وَانْصُرْنِي وَلَا تَنْصُرْ عَلَيَّ، وَامْكُرْ لِي وَلَا تَمْكُرْ عَلَيَّ، وَاهْدِنِي وَيَسِّرِ الْهُدَى لِي، وَانْصُرْنِي عَلَى مَنْ بَغَى عَلَيَّ، رَبِّ اجْعَلْنِي لَكَ شَكَّارًا، لَكَ ذَكَّارًا، لَكَ رَهَّابًا، لَكَ مُطِيعًا، إِلَيْكَ مُخْبِتًا، إِلَيْكَ أَوَّاهًا مُنِيبًا، رَبِّ تَقَبَّلْ تَوْبَتِي، وَاغْسِلْ حَوْبَتِي، وَأَجِبْ دَعْوَتِي، وَاهْدِ قَلْبِي، وَسَدِّدْ لِسَانِي، وَثَبِّتْ حُجَّتِي وَاسْلُلْ سَخِيمَةَ قَلْبِي .

Rabbi a'inni wa la tu'in 'alayya, wansurni wa la tansur 'alayya, wamkur li wa la tamkur 'alayya, wahdini wa yassir al-huda li, wansurni 'ala man bagha 'alayya. Rabbi aj'alni laka shakkaran, laka dhakkaran, laka rahhaban, laka muti'an, ilayka mukhbitaan, ilayka awwahan muneeban. Rabbi taqabbal tawbati, waghsil hawbati, wa ajib da'wati, wahdi qalbi, wa saddid lisani, wa thabbit hujjati waslul sakhimata qalbi.

"Herr, hilf mir und hilf mir nicht gegen mich, gewähre mir den Sieg und lass mich nicht verlieren, bereite für mich vor und bereite mich nicht gegen mich vor, führe mich und erleichtere mir die Führung, gewähre mir den Sieg über den, der mich angreift. Herr, mache mich zu einem Dankbaren, einem, der sich an Dich erinnert, einem, der Furcht hat, einem, der gehorcht, einem, der sich vor Dir demütigt, einem, der zu Dir ruft. Herr, akzeptiere meine Reue, wasche meine Fehler weg, antworte auf mein Bittgebet, leite mein Herz, lenke meine Zunge, stelle meinen Beweis auf und reinige die Gedanken meines Herzens." [Abu-Daoud 1510]

Bittgebete zur inneren Reinigung und spirituellen Wachstums

Das "Herz" bezieht sich nicht nur auf das physische Organ, sondern symbolisiert auch den Sitz der Absichten, Glaubensüberzeugungen, Emotionen und spirituellen Werte. Wenn das Herz rein und gesund ist, spiegelt sich dies in den Handlungen und dem Verhalten einer Person wider. Gute Absichten, Aufrichtigkeit und ein fester Glaube im Herzen führen zu tugendhaften Handlungen und moralischem Verhalten. Im Gegensatz dazu wird, wenn das Herz durch bösartige Absichten, Heuchelei oder einen Mangel an Glauben korrumpiert ist, das Verhalten und die Handlungen der Person negativ beeinflusst. Das Reinigen des Herzens ist ein fortlaufender Prozess, der tiefgehende Aufrichtigkeit, echte Reue und ständiges Bitten um göttliche Führung erfordert.

اللَّهُمَّ آتِ نَفْسِي تَقْوَاهَا وَزَكِّهَا أَنْتَ خَيْرُ مَنْ زَكَّاهَا أَنْتَ وَلِيُّهَا وَمَوْلَاهَا .

Allahumma aati nafsi taqwaha wa zakkiha anta khayru man zakkaha anta walyuha wa mawlaha.

"O Allah, gewähre meiner Seele ihre Frömmigkeit und reinige sie, denn Du bist der Beste, der sie reinigen kann. Du bist ihr Beschützer und ihr Herr." [Sahih Muslim 2722]

اللَّهُمَّ إِنِّي أَسْأَلُكَ نَفْسًا مُطْمَئِنَّةً، تُؤْمِنُ بِلِقَائِكَ وَتَرْضَى بِقَضَائِكَ وَتَقْنَعُ بِعَطَائِكَ .

Allahumma inni as'aluka nafsan mutma'innah, tu'minu biliqa'ika wa tarda biqada'ika wa taqna'u bi'ata'ika.

"O Allah, ich bitte Dich um eine beruhigte Seele, die an Dein Treffen glaubt, mit Deinem Dekret zufrieden ist und mit Deinen Gaben sich zufrieden gibt." [As-Suyuti 6118]

Diese Dua sucht nach innerem Frieden und Zufriedenheit mit dem Willen und den Gaben Allahs.

Bittgebet um Führung und Standhaftigkeit

يَا مُقَلِّبَ القُلُوبِ، ثَبِّتْ قَلْبِي عَلَى دِينِكَ .

Ya muqallibal-quloobi, thabbit qalbi 'ala deenik.

"O Du, der Du die Herzen wendest, stärke mein Herz in Deinem Glauben." [Sunan At-Tirmidhi 2140, Sunan Ibn Majah 3790]

Dieses Bittgebet ist ein aufrichtiger Gebet an Allah (ﷻ), das um Standhaftigkeit und Stabilität im Glauben bittet. Es erkennt an, dass die Herzen unter der Kontrolle Allahs stehen und dass nur Er die notwendige Ausdauer bieten kann, um in der Religion engagiert zu bleiben. Diese Dua wurde oft vom Propheten (ﷺ) rezitiert, um seinen Glauben zu stärken und fest in seinen religiösen Pflichten und Überzeugungen zu bleiben.

رَبَّنَا لَا تُزِغْ قُلُوبَنَا بَعْدَ إِذْ هَدَيْتَنَا وَهَبْ لَنَا مِن لَّدُنكَ رَحْمَةً إِنَّكَ أَنتَ ٱلْوَهَّابُ .

Rabbana la tuzigh qulubana ba'da idh hadaytana wa hab lana min ladunka rahmah, innaka anta al-Wahhab.

"O unser Herr, lasse unsere Herzen nicht abirren, nachdem Du uns geleitet hast, und gewähre uns Deine Barmherzigkeit. Wahrlich, Du bist der großzügigste Geber." [Koran: 3:8]

رَبَّنَا اغْفِرْ لَنَا وَلِإِخْوَانِنَا الَّذِينَ سَبَقُونَا بِالْإِيمَانِ وَلَا تَجْعَلْ فِي قُلُوبِنَا غِلًّا لِّلَّذِينَ آمَنُواْ رَبَّنَا إِنَّكَ رَءُوف رَّحِيم .

Rabbana-ghfir lana wa li ikhwaninal-laziina sabaquuna bil-iman, wa laa taj-al fii quluubina ghillal-lil lazina aamanuu, rabbanaa innaka raufur-rahim

"O unser Herr, vergib uns sowie unseren Brüdern, die uns im Glauben vorausgegangen sind, und lege in unsere Herzen keine Groll gegen diejenigen, die geglaubt haben. O unser Herr, Du bist barmherzig und äußerst mitfühlend." [Koran 59:10]

اللَّهُمَّ طَهِّرْ قَلْبِي مِنَ النِّفَاقِ وَعَمَلِي مِنَ الرِّيَاءِ وَعَيْنِي مِنَ الْخِيَانَةِ وَلِسَانِي مِنَ الْكَذِبِ فَإِنَّكَ تَعْلَمُ خَائِنَةَ الْأَعْيُنِ وَمَا تُخْفِي الصُّدُور.

Allahumma tahhir qalbi minan nifaq, wa 'amali minar riya', wa 'ayni minal khiyana, wa lisani minal kadhib, fa'innaka ta'lamu kha'inat al-a'yun wa ma tukhfi as-sudoor.

"O Allah, reinige mein Herz von Heuchelei, meine Taten von Anmaßung, meine Augen von Verrat und meine Zunge von Lügen, denn Du kennst den Verrat der Augen und was die Herzen verbergen." [Mishkat al-Masabih 2501]

اللَّهُمَّ إِنِّي أَعُوذُ بِكَ مِنْ عِلْمٍ لَا يَنْفَعُ وَمِنْ قَلْبٍ لَا يَخْشَعُ وَمِنْ نَفْسٍ لَا تَشْبَعُ وَمِنْ دَعْوَةٍ لَا يُسْتَجَابُ لَهَا.

Allahumma inni a'udhu bika min 'ilmin la yanfa', wa min qalbin la yakhsha', wa min nafsin la tashba', wa min da'watin la yustajabu laha.

"O Allah, ich suche Zuflucht bei Dir vor Wissen, das nicht nützt, einem Herzen, das nicht fürchtet, einer Seele, die sich nicht zufrieden gibt, und einem Bittgebet, auf das nicht geantwortet wird." [El-Albani 1297]

اللَّهُمَّ إِنِّي أَسْأَلُكَ قَلْبًا سَلِيمًا.

Allahumma inni as'aluka qalban saliman

"O Allah, ich bitte Dich um ein gesundes Herz." [Sahih al-Bukhari 6321, Sunan At-Tirmidhi 3578]

اللَّهُمَّ أَعِنِّي عَلَى ذِكْرِكَ وَشُكْرِكَ وَحُسْنِ عِبَادَتِكَ.

Allahumma a'inni 'ala dhikrika wa shukrika wa husni 'ibadatika.

"O Allah, hilf mir, mich an Dich zu erinnern, Dir zu danken und Dich gut zu dienen." [Ibn-Baz 194/11]

Diese Bitte stammt aus einem Hadith, in dem der Prophet Muhammad (ﷺ) Mu'adh ibn Jabal (möge Allah mit ihm zufrieden sein) riet, dieses Dua nach jedem Gebet zu rezitieren. Er sagte (ﷺ), während er die Hand von Mu'adh hielt:
"O Mu'adh, bei Allah, ich liebe Dich, und ich rate Dir, O Mu'adh, dies nach jedem Gebet nicht zu versäumen: 'O Allah, hilf mir, mich an Dich zu erinnern, Dir zu danken und Dich auf die beste Weise zu dienen.'"

Bittgebet um Standhaftigkeit im Glauben

اللَّهُمَّ أَصْلِحْ لِي دِينِي الذي هو عِصْمَةُ أَمْرِي، وَأَصْلِحْ لِي دُنْيَايَ الَّتِي فِيهَا مَعَاشِي، وَأَصْلِحْ لِي آخِرَتِي الَّتِي فِيهَا مَعَادِي، وَاجْعَلِ الْحَيَاةَ زِيَادَةً لِي في كُلِّ خَيْرٍ، وَاجْعَلِ الْمَوْتَ رَاحَةً لِي مِن كُلِّ شَرٍّ.

Allahumma aslih li dini alladhi huwa 'ismatu amri, wa aslih li dunyaya llati fiha ma'ashi, wa aslih li akhirati allati fiha ma'adi, waj'alil-hayata ziyadatan li fi kulli khayr, waj'alil-mawta rahatan li min kulli sharr.

"O Allah, verbessere meine Religion, die das Gut meiner Angelegenheiten ist, verbessere mein diesseitiges Leben, in dem mein Lebensunterhalt liegt, und verbessere mein zukünftiges Leben, in dem meine Rückkehr ist. Lass das Leben für mich ein Zusatz an Gut in allen Dingen sein, und lass den Tod für mich eine Erleichterung von allem Übel sein." [Sahih Muslim 2720]

عَنْ شَدَّاد بْنِ أُوْس رَضِيَ الله عَنْهُ قَال: قَال رَسُولَ الله (ﷺ):

إذا كَنَزَ الناسُ الذهَبَ والفِضَّةَ، فاكْنِزوا هؤلاء الكَلِماتِ: اللَّهُمَّ إنِّي أَسْأَلُكَ الثَّبَاتَ في الأَمْرِ، والعَزِيمَةَ عَلَى الرُّشدِ، وأَسْأَلُكَ شُكْرَ نِعمتِك، وأَسْأَلُكَ حُسْنَ عِبادتِك، وأَسْأَلُك قَلْبًا سليمًا، وأَسْأَلُك لِسَانًا صادقًا، وأَسْأَلُك مِن خَيرِ ما تَعلمُ، وأَعوذُ بك مِن شَرِّ ما تَعلمُ، وأَستغفِرُك لِما تَعلمُ؛ إنَّك أنت عَلَّامُ الغُيوبِ.

Allahumma inni as'aluka ath-thabata fil amr, wal-'azeemata 'alar-rushdi, wa as'aluka shukra ni'matik, wa as'aluka husna 'ibadatik, wa as'aluka qalban saleeman, wa as'aluka lisaanan saadiqan, wa as'aluka min khayri ma ta'lamu, wa a'oodhu bika min sharri ma ta'lamu, wa astaghfiruka limaa ta'lamu; innaka anta 'allaamul ghuyoob.

Berichtet von Shaddad ibn Aws (möge Allah mit ihm zufrieden sein), sagte der Prophet (ﷺ):

Wenn die Menschen Gold und Silber ansammeln, sammelt diese Worte: "O Allah, ich bitte Dich um Standhaftigkeit in der Angelegenheit und die Entschlossenheit, dem Rechten zu folgen. Ich bitte Dich um Dankbarkeit für Deine Gaben, und ich bitte Dich um die gute Anbetung. Ich bitte Dich um ein reines Herz und um eine wahrhaftige Zunge. Ich bitte Dich um das Beste von dem, was Du weißt, und ich suche Zuflucht bei Dir vor dem Schlimmsten von dem, was Du weißt. Und ich bitte Dich um Vergebung für das, was Du weißt. Wahrlich, Du bist derjenige, der die verborgenen Dinge perfekt kennt."

اللَّهُمَّ إِنِّي أَسْأَلُكَ صِحَّةَ إِيمَانٍ وَإِيمَانًا فِي خُلُقٍ حَسَنٍ وَنَجَاحًا يَتْبَعُهُ فَلَاحٌ، وَرَحْمَةً مِنْكَ وَعَافِيَةً، وَمَغْفِرَةً مِنْكَ وَرِضْوَانًا.

Allahumma inni as'aluka sihhata imanin wa imanan fi khuluqin hasanin wa najahan yatba'uhu falah, wa rahmatan minka wa 'afiyatan, wa maghfiratan minka wa ridwanan.

"O Allah, ich bitte Dich um Gesundheit im Glauben, einen Glauben, der von gutem Verhalten begleitet wird, um Erfolg, der von Wohlstand gefolgt wird, um Deine Barmherzigkeit, Deinen Schutz, Deine Vergebung und Deine Zufriedenheit." [Musnad Ahmed 8272]

اللَّهُمَّ حَبِّبْ إِلَيْنَا الإِيمَانَ وَزَيِّنْهُ فِي قُلُوبِنَا، وَكَرِّهْ إِلَيْنَا الْكُفْرَ وَالْفُسُوقَ وَالْعِصْيَانَ، وَاجْعَلْنَا مِنَ الرَّاشِدِينَ. اللَّهُمَّ تَوَفَّنَا مُسْلِمِينَ، وَأَحْيِنَا مُسْلِمِينَ، وَأَلْحِقْنَا بِالصَّالِحِينَ، غَيْرَ خَزَايَا وَلاَ مَفْتُونِينَ.

Allahumma habbib ilayna al-eemaan wa zayyinhu fee quloobina, wa karrih ilayna al-kufra wal-fusuqa wal-'isyaan, waj'alna mina ar-raashideen. Allahumma tawaffana muslimeen, wa ahyina muslimeen, wa alhiqna bis-saaliheen, ghayra khazaya wala maftooneen.

"O Allah, mache den Glauben liebenswert in unseren Herzen und schmücke ihn in uns, lass uns den Unglauben, die Bosheit und den Ungehorsam verabscheuen, und mache uns zu den Rechtgeleiteten. O Allah, lass uns als Muslime sterben, lass uns als Muslime leben, und vereine uns mit den Frommen, ohne Schande und Versuchung." [Sahih El-Albani 517]

رَبَّنَآ ءَامَنَّا بِمَآ أَنزَلْتَ وَٱتَّبَعْنَا الرَّسُولَ فَٱكْتُبْنَا مَعَ ٱلشَّـٰهِدِينَ .

Rabbana amanna bima anzalta wa-ittaba'na al-rasula fa-ktubna ma'a al-shahidin.

88

"O unser Herr, wir haben an das geglaubt, was Du offenbart hast, und wir haben dem Gesandten gefolgt. So schreibe uns unter den Zeugen." [Koran 3:53]

Rabbana amanna bima anzalta wa-ittaba'na al-rasula fa-ktubna ma'a al-shahidin.

Bittgebete, um die Liebe Allahs () zu suchen

Die Liebe Allahs (ﷻ) ist der größte Segen, den wir empfangen können. Es ist nicht nur ein Gefühl, sondern ein tiefgehender Zustand der Beziehung, der sich durch Hingabe, Anbetung und gute Taten vertieft. Die Liebe Allahs zu suchen ist ein edles und wesentliches Bestreben für jeden Gläubigen, und eine der effektivsten Methoden, diese Liebe zu gewinnen und zu stärken, sind aufrichtige Duas.

اللَّهُمَّ إِنِّي أَسْأَلُكَ حُبَّكَ، وَحُبَّ مَنْ يُحِبُّكَ، وَالْعَمَلَ الَّذِي يُبَلِّغُنِي حُبَّكَ. اللَّهُمَّ اجْعَلْ حُبَّكَ أَحَبَّ إِلَيَّ مِنْ نَفْسِي، وَأَهْلِي، وَمِنَ الْمَاءِ الْبَارِدِ.

Allahumma inni as'aluka ḥubbak, wa hubba man yuhibbuk, wal-ʿamala allathee yuballighuni hubbak. Allahumma ajʿal hubbak ahabba ilayya min nafsi, wa ahli, wa mina-l-ma'i-l-barid.

"O Allah, ich bitte Dich um Deine Liebe, um die Liebe derer, die Dich lieben, sowie um die Tat, die mich zu Deiner Liebe führt. O Allah, lass Deine Liebe wertvoller für mein Herz sein als meine eigene Person, meine Familie und frisches Wasser." [At-Tirmidhi 27/1491]

اللَّهُمَّ إِنِّي أَسْأَلُكَ حُبَّكَ وَحُبَّ مَنْ يُحِبُّكَ وَحُبَّ عَمَلٍ يُقَرِّبُنِي إِلَى حُبِّكَ.

Allahumma inni as'aluka hubbak wa hubba man yuhibbuk wa hubba ʿamalin yuqarribuni ila hubbik.

"O Allah, ich bitte Dich um Deine Liebe, die Liebe derer, die Dich lieben, und die Liebe zu einer Handlung, die mich Deiner Liebe näher bringt." [At-Tirmidhi 3235]

اللَّهُمَّ إِنِّي أَسْأَلُكَ فِعْلَ الْخَيْرَاتِ، وَتَرْكَ الْمُنْكَرَاتِ، وَحُبَّ الْمَسَاكِينِ، وَأَنْ تَغْفِرَ لِي، وَتَرْحَمَنِي، وَإِذَا أَرَدْتَ فِتْنَةَ قَوْمٍ فَتَوَفَّنِي غَيْرَ مَفْتُونٍ، وَأَسْأَلُكَ حُبَّكَ، وَحُبَّ مَنْ يُحِبُّكَ، وَحُبَّ عَمَلٍ يُقَرِّبُنِي إِلَى حُبِّكَ .

Allahumma 'inni as'aluka fi 'lal-khayraat wa tarkal munkaraat wa hubbalmasaakeen wa an taghfira lee watarhamanee wa idha aradta fitnataqawmin fatawaffanee ghayra maftoon, wa as'aluka hubbak wa hubba mai yuhib-buk wa hubba 'amalin yuqarribunee ilaa hubbik

"O Allah, ich bitte Dich, gute Taten zu vollbringen, die Schlechten zu meiden, die Armen zu lieben, mir zu vergeben und mir Barmherzigkeit zu gewähren. Und wenn Du eine Prüfung für ein Volk bestimmt hast, lass mich sterben, ohne in Versuchung geführt zu werden. Ich bitte Dich um Deine Liebe, um die Liebe derer, die Dich lieben, und um die Liebe zu einer Handlung, die mich Deiner Liebe näher bringt." [Ahmad 36/423 Nr. 22109, Al-Hakim 1/521, Al-Bazzar 2/121, Al-Muwatta Nr. 736 und At-Tirmidhi 5/369 Nr. 3235; erklärt als hasan von At-Tirmidhi, der sagte: "Ich fragte Muhammad bin Isma'il (Al-Bukhari) und er sagte: 'Dieser Hadith ist hasan sahih.'" Klassifiziert als sahih von al-Albani in Sahih at-Tirmidhi 2582.

Bittgebete, um nach Wissen und Weisheit zu fragen

Der Islam legt großen Wert auf die Suche nach Wissen. Das erste Wort, das im Koran offenbart wurde, "Iqra" (Lies!), unterstreicht die Bedeutung des Lernens. Der Prophet Muhammad (ﷺ) hat dies bekräftigt, indem er sagte: "Die Suche nach Wissen ist eine Pflicht für jeden Muslim" (Ibn Majah). Diese Suche erstreckt sich über religiöse Studien hinaus auf jedes nützliche Wissen, einschließlich der Wissenschaften und der Künste.

Durch das Lernen erwerben die Gläubigen ein tieferes Verständnis von der Weisheit, der Macht und der Barmherzigkeit Allahs, was zu einer aufrichtigen Anbetung führt. Muslime werden ermutigt, Allah um Hilfe durch Dua in ihren Bildungsbemühungen zu bitten, indem sie Ihn bitten, ihre Herzen und Geister für ein tieferes Verständnis zu öffnen. Da Allah die endgültige Quelle des Wissens ist, stellt die Bitte sicher, dass das Lernen eines jeden mit göttlicher Weisheit gesegnet und geleitet wird.

وَقُل رَّبِّ زِدْنِي عِلْمًا.

Rabbi zidni 'ilma.

Und sage: O mein Herr, gewähre mir eine Zunahme an Wissen.
[Koran 20:114]

Diese Bitte unterstreicht die Exzellenz des Wissens im Islam. Allah hat dem Gesandten (ﷺ) nicht befohlen, um eine Zunahme in irgendetwas zu bitten, außer im Wissen. Wenn unser Wissen über den Koran begrenzt ist, sollten wir immer dieses Dua machen, um den Koran besser zu verstehen.

رَبِّ هَبْ لِى حُكْمًا وَأَلْحِقْنِي بِٱلصَّٰلِحِينَ.

Rabbi hab li hukman wa alhiqni bissalihin

"O mein Herr, gewähre mir Weisheit und vereine mich mit den Frommen." [Koran 26:83]

Dieses Dua stammt aus dem Gebet des Propheten Ibrahim, der nach Weisheit und der Gesellschaft der Gerechten strebte. Er rezitierte diese Bitte, als er seinen Vater und sein Volk aufrief, an Allah (ﷻ) zu glauben. Dieses Dua unterstreicht, dass unser Wissen uns auf den rechten Weg führen sollte. Wir sollten uns bemühen, gerecht zu sein, nicht blind, sondern auf der Grundlage von solidem Wissen und Weisheit.

Subhanaka la 'ilma lana illa ma 'allamtana, innaka antal 'aleemul hakeem.

"Preis sei Dir, wir haben nur Wissen, das Du uns gelehrt hast. Wahrlich, Du bist der Allwissende, der Weise." [Koran: 2/32]

* * *

Allahumma 'allimni ma yanfa'uni wa anfa'ni bima 'allamtani wa zidni 'ilma.

"O Allah, lehre mich das, was mir nützlich ist, lasse mich von dem profitieren, was Du mir beigebracht hast, und gewähre mir eine Zunahme an Wissen." [Ibn Majah]

* * *

اللَّهُمَّ عَلِّمْنِي الْكِتَابَ وَالْحِكْمَةَ، وَفَقِّهْنِي فِي الدِّينِ .

Allahumma 'allimni al-kitab wal-hikmah, wa faqihni fid-deen.

"O Allah, lehre mich das Buch und die Weisheit, und lass mich die Religion verstehen."

Diese Dua stammt aus dem Gebet des Propheten Muhammad (ﷺ) für Ibn Abbas (möge Allah mit ihm zufrieden sein): "O Allah, gewähre ihm das Verständnis der Religion." In einer anderen Version: "O Allah, lehre ihn das Buch und die Weisheit."

Bittgebete für die Eltern

Unsere Eltern, die uns aufgezogen und erzogen haben und uns Liebe und Unterstützung gegeben haben, verdienen besondere Anerkennung und Dankbarkeit. Die Art und Weise, wie wir uns ihnen gegenüber verhalten, spiegelt nicht nur unseren Respekt für sie wider, sondern auch unseren Glauben. Für unsere Eltern Dua zu machen, ist ein Weg, unsere Liebe zu ihnen auszudrücken und unsere Dankbarkeit für die Opfer zu zeigen, die sie für uns gebracht haben.

رَبَّنَا ٱغْفِرْ لِي وَلِوَالِدَيَّ وَلِلْمُؤْمِنِينَ يَوْمَ يَقُومُ ٱلْحِسَابُ.

Rabbana ighfir li waliwalidayya walilmu'minina yawma yaqumu al-hisab

"O unser Herr, vergib mir, sowie meinen Eltern und den Gläubigen, am Tag, an dem das Urteil gesprochen wird." [Koran 14/41]

Diese Dua wurde von dem Propheten Ibrahim (Frieden sei mit ihm) gemacht. Er bat um Schutz vor der Hölle, nicht nur für sich selbst und seine Eltern, sondern auch für alle Gläubigen. Es ist ein Beispiel für uns, andere Muslime in unseren Gebeten einzuschließen und Allah zu bitten, Seine Barmherzigkeit allen zu zeigen.

Wa qul Rabbi irhamhuma kama rabbayanee sagheera.

"Und sage: O mein Herr, erbarme Dich ihrer, wie sie mich aufgezogen haben, als ich klein war." [Koran 17/24]

Rabbi-ghfir lee wa liwaalidayya wa liman dakhala baytiya mu'minan wa lilmu'minina wal-mu'minat. Wa laa tazidi-aththaalimeena illa tabaara.

"O mein Herr, vergib mir, sowie meinen Eltern, allen, die in mein Haus im Glauben eintreten, den Gläubigen und den Gläubigen, und lasse nur die Ungerechten in ihrem Untergang zunehmen." [Koran 71:28]

Bittgebete für einen rechtschaffenen Ehepartner und fromme Kinder

Für einen rechtschaffenen Ehepartner und fromme Kinder zu beten, ist ein tiefes Handeln, um Allahs Führung bei der Wahl eines kompatiblen und frommen Partners zu suchen und mit einer tugendhaften Nachkommenschaft gesegnet zu werden. Diese Bitte erkennt an, dass wichtige Entscheidungen in Bezug auf Ehe und Elternschaft eine göttliche Einsicht erfordern, um wirklich erfolgreich zu sein. Eine Familie, die im Glauben verwurzelt ist, bietet nicht nur materiellen und emotionalen Trost, sondern auch spirituelles Wachstum und schafft ein nährendes Umfeld, in dem die islamischen Werte von gegenseitigem Respekt, Mitgefühl und Hingabe gelebt werden.

رَبَّنَا هَبْ لَنَا مِنْ أَزْوَاجِنَا وَذُرِّيَّاتِنَا قُرَّةَ أَعْيُنٍ وَاجْعَلْنَا لِلْمُتَّقِينَ إِمَامًا .

Rabbana hab lana min azwajina wa dhuriyyatina qurrata A'yunin waj'alna lil-muttaqina imama.

"O unser Herr, gewähre uns durch unsere Ehepartner und Nachkommen eine Quelle der Freude und mache uns zu Führern für die Frommen." [Koran 25:74]

رَبَّنَا وَٱجْعَلْنَا مُسْلِمَيْنِ لَكَ وَمِن ذُرِّيَّتِنَا أُمَّةً مُّسْلِمَةً لَّكَ وَأَرِنَا مَنَاسِكَنَا وَتُبْ عَلَيْنَا إِنَّكَ أَنتَ ٱلتَّوَّابُ ٱلرَّحِيمُ .

Rabbana waj'alna muslimayni laka wa min dhurriyyatina ummatan muslimatan laka wa arina manasikana wa tub 'alayna innaka anta at-tawwabu ar-rahim.

"O unser Herr, mache uns zu Muslimen für Dich, und mache unsere Nachkommenschaft zu einer muslimischen Gemeinschaft für Dich. Zeige uns unsere Riten und akzeptiere unsere Reue. Wahrlich, Du bist der, der die Reue annimmt, der Barmherzige." [Koran 2:128]

رَبِّ هَبْ لِي مِن لَّدُنكَ ذُرِّيَّةً طَيِّبَةً إِنَّكَ سَمِيعُ ٱلدُّعَآءِ .

Rabbi hab li min ladunka dhurriyyatan tayyibatan innaka samee'ud-du'aa.

"O mein Herr, gewähre mir von Dir eine reine Nachkommenschaft. Wahrlich, Du bist der, der das Bittgebet hört." [Koran 3:38]

Rabbi hab li mina as-saliheen.

"O mein Herr, lass mich zu den Frommen gehören." [Koran 3:38]

Rabbi laa tadharnee fardan wa anta khayrul waaritheen.

"O mein Herr, lass mich nicht allein, und Du bist der beste Erbe." [Koran 21:89]

Rabbi ij'alnee muqeemas-salaati wa min dhurriyyatee. Rabbana wa taqabbal du'aa'i.

"O mein Herr, mache mich zu einem Beobachter des Gebets, und mache es auch für meine Nachkommenschaft. O unser Herr, akzeptiere unser Bittgebet." [Koran 14:40]

101

اللَّهُمَّ جَنِّبْنَا الشَّيْطَانَ وَجَنِّبِ الشَّيْطَانَ مَا رَزَقْتَنَا.

Allahumma jannibnash-shaytana wa jannibish-shaytana ma razaqtana.

"O Allah, halte Satan von uns fern und halte Satan von dem fern, was Du uns gewährt hast." [Sunan Abi-Daoud 2161]

Diese Dua wird oft von Ehepartnern vor der Intimität rezitiert, um Schutz vor Satan zu erbitten und Allah (ﷻ) zu bitten, ihre Nachkommenschaft zu segnen.

اللَّهُمَّ أَلِّفْ بَيْنَ قُلُوبِنَا وَأَصْلِحْ ذَاتَ بَيْنِنَا وَاهْدِنَا سُبُلَ السَّلَامِ وَنَجِّنَا مِنَ الظُّلُمَاتِ إِلَى النُّورِ وَجَنِّبْنَا الْفَوَاحِشَ مَا ظَهَرَ مِنْهَا وَمَا بَطَنَ وَبَارِكْ لَنَا فِي أَسْمَاعِنَا وَأَبْصَارِنَا وَقُلُوبِنَا وَأَزْوَاجِنَا وَذُرِّيَّاتِنَا وَتُبْ عَلَيْنَا إِنَّكَ أَنْتَ التَّوَّابُ الرَّحِيمُ وَاجْعَلْنَا شَاكِرِينَ لِنِعْمَتِكَ مُثْنِينَ بِهَا قَابِلِيهَا وَأَتِمَّهَا عَلَيْنَا.

Allahumma allif bayna quloobina wa aslih dhata baynina wa-hdina subulassalaam wa najjina mina dhulumati ila noor wa jannibna alfawahisha ma dhahara minha wa ma batana wa barik lana fee asma'ina wa absarina wa quloobina wa azwajina wa dhurriyyatina wa tub 'alayna innaka anta at-Tawwaabu ar-Raheem. Waj'alna shaakireena linii'matika muthneena bihaa qaabileehaa wa atimmahaa 'alayna.

"O Allah, vereine unsere Herzen, versöhne uns, führe uns auf die Wege des Friedens, befreie uns aus der Dunkelheit ins Licht, halte uns von den Schändlichkeiten fern, sowohl den sichtbaren als auch den verborgenen. Segne unsere Ohren, unsere Augen, unsere Herzen, unsere Ehepartner und unsere Nachkommen. Nimm unsere Reue an, denn Du bist der, der die Reue annimmt, der Barmherzige. Mache uns zu Dankbaren für Deinen Segen und mache uns zu Zeugen. Vollende diesen Segen über uns." [Sunnan Abi-Daoud 969]

Bittgebete um Baraka (Segnungen) im täglichen Leben

Die Barakah Allahs (ﷻ) ist mehr als nur ein einfacher Segen oder Vorteil; sie ist ein echtes Geschenk des Allmächtigen, das kleine Dinge in Außergewöhnliches verwandelt. Die Suche nach Barakah kann alle Aspekte des täglichen Lebens umfassen. In der Lage zu sein, eine große Anzahl von Aufgaben in kurzer Zeit zu erledigen, die Bedürfnisse seiner Familie zu decken und sogar mit wenig Geld entspannende Momente zu genießen, während man im Glauben wächst und gleichzeitig berufliche und familiäre Verantwortung übernimmt – all dies sind Beispiele für Situationen, in denen Allah (ﷻ) Seine Barakah platziert hat.

Dua um Segnungen (Barakah) bei der Suche nach einem halal Einkommen

Allahumma barik li fi rizqi wa rzuqni halalan.

"O Allah, segne mich in meinem Lebensunterhalt und gewähre mir, was erlaubt ist." [Sunan Abi-Daoud 1548]

Bittgebete um Segnungen in der Zeit

Allāhumma ij'al li barakatan fi waqti wa naf'ani bihi

"O Allah, gewähre mir Segen in meiner Zeit und lass mich davon profitieren."

Bittgebet um Segnungen im Essen

اللَّهُمَّ بَارِكْ لَنَا فِيمَا رَزَقْتَنَا وَقِنَا عَذَابَ النَّارِ وَأَطْعِمْنَا خَيْرًا مِنْهُ .

Allahumma barik lana fi ma razaqtana wa qina adaba al nar wa aṭ'imna khayran minhu.

"O Allah, segne uns in dem, was Du uns gewährt hast, bewahre uns vor der Strafe des Feuers und gib uns eine bessere Nahrung als diese." [At-Tirmidhi 3455, Ahmed 1978]

Laut der Sunnah soll dieses Dua vor dem Essen rezitiert werden.

Bittgebete um Segnungen im Tagesverlauf

اَللَّهُمَّ اجْعَلْ يَوْمَنَا هَذَا يَوْماً مُبَارَكاً أَوَّلَهُ صَلَاحًا وَأَوْسَطُهُ فَلَاحًا وَآخِرُهُ نَجَاحاً وَ عَفْواً وَ عِتْقاً مِنَ النَّارِوَ اجْعَلِ اللَّهُمَّ لَنَا فِيهِ يَا اللهُ مِنْ كُلِّ هَمٍّ فَرَجًا وَ مِنْ كُلِّ ضِيقٍ مَخْرَجًا وَ مِنْ كُلِّ فَاحِشَةٍ سِتْرًا وَ مِنْ كُلِّ عُسْرٍ يُسْرًا وَ مِنْ كُلِّ بَلَاءٍ عَافِيَةً وَ اكْفِنَا يَا اللهُ مِنْ مُهِمَّاتِ الدَّارَيْنِ وَ اصْرِف عَنَّا شَرَّ الْمَنْزِلَتَيْنِ وَ اغْفِرْ لَنَا وَلِوَالِدِينَا وَ لِسَائِرِ الْمُسْلِمِينَ .

Allahummaj'al yaumana haza yauman mubarokan awwalahu sholahan wa ausathuhu falahan wa akhirohu najahan wa 'afwan wa 'itqon minan nari waj'alillahumma lana fihi ya allahu min kulli hammin farajan wa min kulli dhiqin makhrojan wa min kulli fahisyatin sitron wa min kulli 'usrin yusron wa min kulli bala-in 'afiyatan wakfina ya allahu min muhimmatid daroin washrif 'anna syarrol manzilatain waghfir lana wa liwalidina wa lisa-iril muslimin.

"O Allah, mache diesen Tag zu einem gesegneten Tag, zu einem Anfang der Rechtschaffenheit, zu einer Mitte des Wohlstands und zu einem Ende des Erfolgs, der Vergebung und der Errettung vor dem Feuer. O Allah, gewähre uns an diesem Tag Erleichterung für jede Sorge, einen Ausweg für jede Schwierigkeit, einen Schleier für jede Schändlichkeit, eine Leichtigkeit für jede Erschwernis und Heilung für jede Katastrophe. O Allah, bewahre uns vor den Sorgen dieser Welt und halte das Übel beider Welten von uns fern. Vergib uns, unseren Eltern und allen Muslimen."

أَصْبَحْنَا وَأَصْبَحَ الْمُلْكُ لِلَّهِ، رَبِّ الْعَالَمِينَ؛ اللَّهُمَّ إِنِّي أَسْأَلُكَ خَيْرَ هَذَا الْيَوْمِ؛ فَتْحَهُ وَنَصْرَهُ؛ وَنُورَهُ وَبَرَكَتَهُ وَهُدَاهُ؛ وَأَعُوذُ بِكَ مِنْ شَرِّ مَا فِيهِ وَشَرِّ مَا بَعْدَهُ .

Asbahna wa-asbahal mulku lillahi, rabbil aa'la-meen; Allahumma innee as-aluka khayra ha'zal-yawm; Fath'hahoo wa nas'rahoo; Wa noo'-

"Wir haben diesen Tag begonnen, und das Königreich gehört Allah, dem Herrn der Welten. O Allah, ich bitte Dich um das Gute dieses Tages: seinen Beginn, seine Hilfe, sein Licht, seinen Segen und seine Führung. Und ich suche Zuflucht bei Dir vor dem Übel, das in ihm ist, und dem Übel, das danach kommt." [Abu Dawood 5084]

أَصْبَحْنَا وَأَصْبَحَ الْمُلْكُ لِلَّهِ، وَالْحَمْدُ لِلَّهِ، لَا إِلَهَ إِلَّا اللَّهُ، وَحْدَهُ لَا شَرِيكَ لَهُ، لَهُ الْمُلْكُ وَلَهُ الْحَمْدُ، يُحْيِي وَيُمِيتُ وَهُوَ عَلَى كُلِّ شَيْءٍ قَدِيرٌ. رَبِّ أَسْأَلُكَ خَيْرَ مَا فِي هَذَا الْيَوْمِ، وَخَيْرَ مَا بَعْدَهُ، وَأَعُوذُ بِكَ مِنْ شَرِّ مَا فِي هَذَا الْيَوْمِ، وَشَرِّ مَا بَعْدَهُ. رَبِّ أَعُوذُ بِكَ مِنَ الْكَسَلِ، وَسُوءِ الْكِبَرِ، رَبِّ أَعُوذُ بِكَ مِنْ عَذَابٍ فِي النَّارِ وَعَذَابٍ فِي الْقَبْرِ.

"Wir haben diesen Tag begonnen, und das Königreich gehört Allah. Alles Lob gebührt Allah, es gibt keine Gottheit außer Allah, allein, ohne Partner. Ihm gehört das Königreich und Ihm gebührt das Lob. Er gibt Leben und nimmt Leben, und Er ist zu allem fähig. O mein Herr, ich bitte Dich um das Gute dieses Tages und das Gute dessen, was danach kommt. Ich suche Zuflucht bei Dir vor dem Übel dieses Tages und dem Übel dessen, was danach kommt. O mein Herr, ich suche Zuflucht bei Dir vor Faulheit und vor dem Übel des Alters. O mein Herr, ich suche Zuflucht bei Dir vor der Strafe des Feuers und der Strafe des Grabes." [Sahih Muslim 2723 | At-Tirmidhi 2699]

Bittgebete für Leichtigkeit und Erfolg

Wenn wir auf Schwierigkeiten in unseren Angelegenheiten stoßen oder versuchen, unsere Ziele erfolgreich zu erreichen, ist es sehr tröstlich zu wissen, dass der Koran und die Sunnah uns mächtige Duas bieten, um Allahs Hilfe zu erbitten. Diese Bittgebete ermöglichen es uns, nach göttlicher Führung, Leichtigkeit und Unterstützung in unseren Bemühungen zu suchen, während sie gleichzeitig unseren Glauben und unsere Entschlossenheit stärken.

اللّٰهُـمَّ لا سَـهْلَ إلاّ ما جَعَلـتَهُ سَهـلاً، وَأَنْتَ تَجْـعَلُ الْحَـزَنَ إذا شِـئْتَ سَهْلاً .

Allahumma la sahla illa ma ja'altahu sahlan, wa anta taj'alu al-hazna idha shi'ta sahlān.

"O Allah, es gibt nichts Einfaches, außer dem, was Du einfach gemacht hast, und Du machst die Traurigkeit leicht, wenn Du es wünschst." [Ibn Ḥibbān in seinem Saḥīḥ # 2427]

رَّبِّ يَسِّرْ وَلاَ تُعَسِّرْ وَتَمِّمْ بِالْخَيْرِ .

Allahumma yassir wala tu'assir wa tammim bil khair

"O mein Herr, erleichtere und kompliziere nicht, und vollende mit Gutem."

وَمَا تَوْفِيقِي إِلَّا بِاللَّهِ عَلَيْهِ تَوَكَّلْتُ وَإِلَيْهِ أُنِيبُ .

Wa maa tawfeeqee illaa billaah 'alayhi tawakkaltu wa ilayhi uneeb

"Und mein Erfolg liegt nur bei Allah. Auf Ihn vertraue ich, und zu Ihm wende ich mich." [Koran 11/88]

وَقُل رَّبِّ أَدْخِلْنِي مُدْخَلَ صِدْقٍ وَأَخْرِجْنِي مُخْرَجَ صِدْقٍ وَٱجْعَل لِّي مِن لَّدُنكَ سُلْطَانًا نَّصِيرًا .

Rabbi adkhilnee mudkhala sidqin wa akhrijnee mukhraja sidqin waj-'al lee milladunka sultanan naseera

"Und sage: O mein Herr, führe mich mit einer Wahrheit hinein und lasse mich mit einer Wahrheit herausgehen, und gewähre mir von Dir eine unterstützende Macht." [Koran 17/80]

اللَّهُمَّ إِنِّي أَسْأَلُكَ مِنَ الخَيْرِ كُلِّهِ عَاجِلِهِ وَآجِلِهِ، مَا عَلِمْتُ مِنْهُ وَمَا لَمْ أَعْلَمْ، وَأَعُوذُ بِكَ مِنَ الشَّرِّ كُلِّهِ عَاجِلِهِ وَآجِلِهِ، مَا عَلِمْتُ مِنْهُ وَمَا لَمْ أَعْلَمْ، اللَّهُمَّ إِنِّي أَسْأَلُكَ مِن خَيْرِ مَا سَأَلَكَ مِنْهُ نَبِيُّكَ مُحَمَّدٌ صَلَّى اللَّهُ عَلَيْهِ وَسَلَّمَ، وَأَعُوذُ بِكَ مِن شَرِّ مَا اسْتَعَاذَ مِنْهُ نَبِيُّكَ مُحَمَّدٌ صَلَّى اللَّهُ عَلَيْهِ وَسَلَّمَ، وَأَنْتَ الْمُسْتَعَانُ، وَعَلَيْكَ الْبَلَاغُ، وَلَا حَوْلَ وَلَا قُوَّةَ إِلَّا بِاللَّهِ .

Allahumma inni as'aluka min al-khayri kullihi 'ajilihi wa ajilihi, ma 'alimtu minhu wa ma lam a'lam, wa a'udhu bika min ash-sharri kullihi 'ajilihi wa ajilihi, ma 'alimtu minhu wa ma lam a'lam. Allahumma inni as'aluka min khayri ma sa'alaka minhu nabiyyuka Muhammadun sallallahu 'alayhi wa sallam, wa a'udhu bika min sharri ma ista'adha minhu nabiyyuka Muhammadun sallallahu 'alayhi wa sallam, wa anta al-musta'anu wa 'alayka al-balaghu, wa la hawla wa la quwwata illa billah.

"O Allah, ich bitte Dich um das Gute von allem, sowohl gegenwärtig als auch zukünftig, das, was ich kenne und das, was ich nicht kenne. Ich suche Zuflucht bei Dir vor allem Übel, sowohl gegenwärtig als auch zukünftig, das, was ich kenne und das, was ich nicht kenne. O Allah, ich bitte Dich um das Beste, um das Dein Prophet Muhammad, Frieden sei mit ihm, gebeten hat, und ich suche Zuflucht bei Dir vor dem Übel, vor dem er Zuflucht gesucht hat. Du bist derjenige, von dem man Hilfe erbitten kann, und zu Dir gehört die

Übertragung. Es gibt keine Kraft und keine Macht außer bei Allah." [Sunan Ibn-Majah 3846]

اللَّهُمَّ أَحْسِنْ عَاقِبَتَنَا فِي الْأُمُورِ كُلِّهَا وَأَجِرْنَا مِنْ خِزْيِ الدُّنْيَا وَعَذَابِ الْآخِرَةِ.

Allahumma ahsin ʿaqibatana fi al-umuri kulliha wa-ajirna min khizy al-dunya wa-ʿadhab al-akhirah.

"O Allah, verbessere unser Ende in allen unseren Angelegenheiten und bewahre uns vor der Erniedrigung dieser Welt und der Strafe im Jenseits." [Musnad Ahmed (17628), Sahih Bukhari (1/30)]

رَبَّنَا تَقَبَّلْ مِنَّا إِنَّكَ أَنتَ ٱلسَّمِيعُ ٱلْعَلِيمُ

Rabbana taqabbal minna innaka anta al-samiʿu al-ʿalim.

"O unser Herr, nimm von uns an, denn Du bist der Hörende, der Allwissende." [Koran 2:127]

اللَّهُمَّ إِنِّي أَسْأَلُكَ خَيْرَ الْمَسْأَلَةِ، وَخَيْرَ الدُّعَاءِ، وَخَيْرَ النَّجَاحِ، وَخَيْرَ الْعَمَلِ، وَخَيْرَ الثَّوَابِ، وَخَيْرَ الْحَيَاةِ، وَخَيْرَ الْمَمَاتِ، وَثَبِّتْنِي، وَثَقِّلْ مَوَازِينِي، وَحَقِّقْ إِيمَانِي، وَارْفَعْ دَرَجَاتِي، وَتَقَبَّلْ صَلَاتِي، وَاغْفِرْ خَطِيئَتِي، وَأَسْأَلُكَ الدَّرَجَاتِ العُلَا مِنَ الْجَنَّةِ، اللَّهُمَّ إِنِّي أَسْأَلُكَ فَوَاتِحَ الْخَيْرِ، وَخَوَاتِمَهُ، وَجَوَامِعَهُ، وَأَوَّلَهُ، وَظَاهِرَهُ، وَبَاطِنَهُ، وَالدَّرَجَاتِ العُلَا مِنَ الْجَنَّةِ آمِين، اللَّهُمَّ إِنِّي أَسْأَلُكَ خَيْرَ مَا آتِي، وَخَيْرَ مَا أَفْعَلُ، وَخَيْرَ مَا أَعْمَلُ، وَخَيْرَ مَا بَطَنَ، وَخَيْرَ مَا ظَهَرَ، وَالدَّرَجَاتِ العُلَا مِنَ الْجَنَّةِ آمِين، اللَّهُمَّ إِنِّي أَسْأَلُكَ أَنْ تَرْفَعَ ذِكْرِي، وَتَضَعَ وِزْرِي، وَتُصْلِحَ أَمْرِي، وَتُطَهِّرَ قَلْبِي، وَتُحَصِّنَ فَرْجِي، وَتُنَوِّرَ قَلْبِي، وَتَغْفِرَ لِي ذَنْبِي، وَأَسْأَلُكَ الدَّرَجَاتِ العُلَا مِنَ الْجَنَّةِ آمِين، اللَّهُمَّ إِنِّي أَسْأَلُكَ أَنْ تُبَارِكَ فِي نَفْسِي، وَفِي سَمْعِي، وَفِي بَصَرِي، وَفِي رُوحِي، وَفِي خَلْقِي، وَفِي خُلُقِي، وَفِي أُهْلِي، وَفِي مَحْيَايَ، وَفِي مَمَاتِي، وَفِي عَمَلِي، فَتَقَبَّلْ حَسَنَاتِي، وَأَسْأَلُكَ الدَّرَجَاتِ العُلَا مِنَ الْجَنَّةِ، آمِينْ.

Allahumma inni as'aluka khayra al-mas'alah, wa khayra ad-du'a', wa khayra an-najah, wa khayra al-'amal, wa khayra ath-thawab, wa khayra al-hayat, wa khayra al-mamat, wa thabbitni, wa thaqil mawazini, wa haqqiq 'imani, wa rfa' darajati, wa taqabbal salati, wa ghfir khati'ati, wa as'aluk ad-darajat al-'ula min al-jannah, Allahumma inni as'aluka fawatih al-khayr, wa khawatimahu, wa jawami'ahu, wa awwalahu, wa zahirahu, wa batinahu, wa ad-darajat al-'ula min al-jannah, amin. Allahumma inni as'aluk khayra ma ati, wa khayra ma af'al, wa khayra ma a'mal, wa khayra ma batan, wa khayra ma zahar, wa ad-darajat al-'ula min al-jannah, amin. Allahumma inni as'aluk an tarfa' dhikri, wa tada' wizri, wa tuslih amri, wa tutahhir qalbi, wa tuhassin farji, wa tunawwir qalbi, wa taghfir li dhanbi, wa as'aluk ad-darajat al-'ula min al-jannah, amin. Allāhumma inni as'aluk an tubarika fi nafsi, wa fi sam'i, wa fi basari, wa fi ruhi, wa fi khalqi, wa fi khuluqi, wa fi ahli, wa fi mahyaya, wa fi mamati, wa fi 'amali, fataqabbal hasanati, wa as'aluk ad-darajat al-'ula min al-jannah, amin.

"O Allah, ich bitte Dich um das Beste der Bitten, das Beste der Supplication, das Beste des Erfolgs, das Beste der Taten, die beste Belohnung, das Beste im Leben und das Beste im Tod. Stärke mich, erhöhe meine guten Taten, erfülle meinen Glauben, erhebe meine Grade, akzeptiere mein Gebet und vergib meine Sünden. Ich bitte Dich um die höchsten Grade des Paradieses. O Allah, ich bitte Dich um die Eröffnungen des Guten, dessen Abschluss, dessen Versammlungen, dessen Anfang, dessen Erscheinung, dessen Wesen und die höchsten Grade des Paradieses, Amin.

O Allah, ich bitte Dich um das Beste dessen, was ich empfange, das Beste dessen, was ich tue, das Beste meiner Taten, das Beste dessen, was verborgen ist, das Beste dessen, was offensichtlich ist, und die höchsten Grade des Paradieses, Amin.

O Allah, ich bitte Dich, mein Gedächtnis zu erhöhen, meine Lasten zu erleichtern, meine Angelegenheiten zu verbessern, mein Herz zu reinigen, meine Keuschheit zu schützen, mein Herz zu erleuchten, meine Sünden zu vergeben, und ich bitte Dich um die höchsten Grade des Paradieses, Amin.

O Allah, ich bitte Dich, mein Wesen, mein Gehör, mein Sehen, meinen Verstand, meine Schöpfung, mein Verhalten, meine Familie, mein Leben, meinen Tod und meine Arbeit zu segnen. Akzeptiere meine guten Taten und ich bitte Dich um die höchsten Grade des Paradieses, Amin."

[Al-Hakim berichtete im Namen von Umm Salamah (Marfu') Nr. 1867 und bestätigte es, und Ad-Dahabi stimmte ihm zu 1/520; und Al-Bayhaqi in Ad-Da'wat, Nr. 225, und At-Tabarani in Al-Kabir 23/326 Nr. 717, und Al-Awsat 213/6, Nr. 6218. Al-Haythami sagte in Majma' al-Zawaid wa Manb'a al-Fawaid: "Al-Tabarani berichtete in Al-Kabir, und es wurde in Al-Awsat kurz mit Überlieferungsketten berichtet, und eine meiner großen Überlieferungsketten, und der Kontext dafür, und die Männer in Al-Awsat sind vertrauenswürdig", Majma' al-Zawaid 10/280.]

Bittgebete für Tawakkul und Vertrauen auf Allah (ﷻ)

Wenn wir mit den Prüfungen des Lebens konfrontiert sind, gibt uns der Glaube an Allah (ﷻ) die Sicherheit, dass wir niemals allein sind. Wir können uns ständig an Ihn wenden, um unsere Sorgen in Seine Hände zu legen und Ihn um Hilfe, Schutz und Ruhe zu bitten.

وَأُفَوِّضُ أَمْرِي إِلَى ٱللَّهِ إِنَّ ٱللَّهَ بَصِيرٌ بِالْعِبَادِ .

Wa ufawwidu amri ila Allah. Inna Allaha baseerun bil-'ibad.

"Ich überlasse meine Angelegenheiten Allah. Wahrlich, Allah ist Sehend über die Diener." [Koran 40:44]

رَبَّنَا عَلَيْكَ تَوَكَّلْنَا وَإِلَيْكَ أَنَبْنَا وَإِلَيْكَ الْمَصِيرُ .

Rabbana 'alayka tawakkalna wa ilayka anabna wa ilayka al-maseer.

"Unser Herr, auf Dich setzen wir unser Vertrauen, zu Dir wenden wir uns, und zu Dir ist die Rückkehr." [Koran 60:4]

حَسْبِيَ اللَّهُ لاَ إِلَهَ إِلاَّ هُوَ عَلَيْهِ تَوَكَّلْتُ وَهُوَ رَبُّ الْعَرْشِ الْعَظِيمِ .

HasbiyAllahu laa ilaaha illa huwa alayhi tawakkaltu wa huwa Rabbul arshil adheem.

"Allah suffit mir, es gibt keine Gottheit außer Ihm. Auf Ihn habe ich mein Vertrauen gesetzt, und Er ist der Herr des erhabenen Thrones." [Koran 9:129]

حَسْبُنَا اللهُ وَنِعْمَ الْوَكِيلُ.

Hasbunallahu wa ni'mal wakeel.

"Allah genügt uns, und Er ist der beste Beistand." [Koran 3:173]

قُل لَّن يُصِيبَنَا إِلَّا مَا كَتَبَ اللَّهُ لَنَا هُوَ مَوْلَانَا وَعَلَى اللَّهِ فَلْيَتَوَكَّلِ الْمُؤْمِنُونَ.

Qul lan yuseebana illa ma kataba Allahu lana huwa mawlana wa 'ala Allahi falyatawakkalil mu'minoon.

"Sag: Nichts wird uns erreichen, außer dem, was Allah für uns geschrieben hat. Er ist unser Herr, und auf Allah sollen die Gläubigen vertrauen." [Koran 9:51]

قُلْ هُوَ الرَّحْمَـٰنُ ءَامَنَّا بِهِ وَعَلَيْهِ تَوَكَّلْنَا.

Qul huwa ar-Rahmanu amanna bihi wa 'alayhi tawakkalna

"Sag: Er ist der Allbarmherzige. Wir glauben an Ihn, und auf Ihn setzen wir unser Vertrauen." [Koran 67:29]

حَسْبُنَا اللَّهُ سَيُؤْتِينَا اللَّهُ مِن فَضْلِهِ وَرَسُولُهُ إِنَّا إِلَى اللَّهِ رَاغِبُونَ .

Hasbuna Allah, sayu'tina Allahu min fadlihi wa rasuluh, inna ila Allahi rajibun.

"Wir vertrauen auf Allah. Allah und Sein Gesandter werden uns von Seiner Gnade geben. Wahrlich, wir streben nach Allah." [Koran 9:59]

بِسْمِ اللَّهِ تَوَكَّلْتُ عَلَى اللَّهِ لَا حَوْلَ وَلَا قُوَّةَ إِلَّا بِاللَّهِ .

Bismillah tawakkaltu 'ala Allah la hawla wa la quwwata illa billah.

"Im Namen Allahs setze ich mein Vertrauen auf Allah. Es gibt keine Kraft und keine Macht außer bei Allah." [Sahih Bukhari 6311]

إِيَّاكَ نَعْبُدُ وَإِيَّاكَ نَسْتَعِينُ .

Iyyaka na'budu wa iyyaka nasta'een.

"Es ist Dich, den wir anbeten, und es ist Dich, um Hilfe wir bitten." [Koran 1:5]

إِنِّي وَجَّهْتُ وَجْهِيَ لِلَّذِي فَطَرَ ٱلسَّمَـٰوَٰتِ وَٱلْأَرْضَ حَنِيفًا وَمَا أَنَا مِنَ ٱلْمُشْرِكِينَ .

Inni wajjahtu wajhiya lilladhi faṭara as-samawati wa-al-arda hanifan wa ma ana mina al-mushrikin.

"Wahrlich, ich habe mein Gesicht dem zugewandt, der die Himmel und die Erde erschaffen hat, im Aufrichtigen, und ich gehöre nicht zu den Polytheisten." [Koran 6:79]

اللَّهُمَّ أَسْلَمْتُ وجْهِي إِلَيْكَ، وفَوَّضْتُ أَمْرِي إِلَيْكَ، وَالْجَأْتُ ظَهْرِي إِلَيْكَ، رَغْبَةً ورَهْبَةً إِلَيْكَ، لا مَلْجَأَ ولَا مَنْجَا مِنْكَ إِلَّا إِلَيْكَ، اللَّهُمَّ آمَنْتُ بِكِتَابِكَ الذي أَنْزَلْتَ، وبِنَبِيِّكَ الذي أَرْسَلْتَ .

Allahumma aslamtu wajhi ilayka, wa fawwadtu amri ilayka, wa alja'tu dhahri ilayka, raghbatan wa rahbatan ilayka, la malja'a wa la manja minka illa ilayka. Allahumma amantu bikitabika allathee anzalta, wa binabiyyika allathee arsalta.

"O Allah, ich habe mein Gesicht Dir zugewandt, und ich habe meine Angelegenheiten Dir anvertraut, und ich habe Zuflucht bei Dir gesucht, aus Verlangen und Furcht vor Dir. Es gibt keinen Zufluchtsort und keinen Ausweg von Dir, außer zu Dir. O Allah, ich glaube an Dein Buch, das Du offenbart hast, und an Deinen Propheten, den Du gesandt hast." [Sahih Bukhari, 247]

Bittgebete um das Paradies (Jannah) und Schutz vor der Hölle

Selbst wenn wir unser Bestes geben, um Allah (ﷻ) anzubeten und gute Taten zu vollbringen, ist es unerlässlich, weiterhin um Seine Barmherzigkeit zu bitten, um uns den Eintritt ins Paradies zu gewähren und uns vor der Hölle zu schützen. Der Prophet Muhammad (ﷺ) soll gesagt haben: "Die Taten von jemandem werden ihn niemals ins Paradies führen." Seine Gefährten fragten: "Nicht einmal du, O Gesandter Allahs?" Er antwortete: "Nicht einmal ich, es sei denn, Allah gewährt mir Seine Barmherzigkeit" [Sahih Muslim].

اللّهُـمَّ إِنِّي أَسْأَلُـكَ الْجَنَّةَ وَأَعوذُ بِـكَ مِـنَ النَّارِ.

Allahumma inni as'aluka al-jannah wa a'udhu bika minan-nar.

"O Allah, ich bitte Dich um das Paradies und suche Zuflucht bei Dir vor dem Feuer." [Sahih Muslim 2721]

قالَ النَّبِيُّ (ﷺ) لِرَجُلٍ: كَيفَ تقولُ في الصَّلاةِ، قالَ: أَتَشَهَّدُ وأقولُ: اللَّهمَّ إنِّي أَسْأَلُكَ الجَنَّةَ، وأَعوذُ بِكَ مِنَ النَّارِ أما إنِّي لا أُحسِنُ دَندنتَكَ ولا دَندنةَ مُعاذٍ فقالَ النَّبِيُّ (ﷺ): حولَها نُدَنْدِنُ.

Der Prophet (ﷺ) sagte zu einem Mann: Wie sprichst du in deinem Gebet? Er antwortete: Ich bezeuge und sage: O Allah, ich bitte Dich um das Paradies und suche Zuflucht bei Dir vor dem Feuer. Aber ich weiß nicht genau, wie ich das formulieren soll, noch die Art und Weise von Muʿadh. Der Prophet (ﷺ) sagte: Daran sollten wir uns halten.

اللَّهُمَّ إِنِّي أَسْأَلُكَ الْجَنَّةَ وَأَسْتَجِيرُ بِكَ مِنَ النَّارِ.

Allahumma inni as'aluka al-jannah wa astajiiru bika min al-nar.

"O Allah, ich bitte Dich um das Paradies und suche Zuflucht bei Dir vor dem Feuer." [At-Tirmidhi 2572, Ibn Maja 3340]

وَاجْعَلْنِي مِن وَرَثَةِ جَنَّةِ النَّعِيمِ.

Waj'alni min warathati Jannatin-Na'eem.

"Und mache mich zu einem der Erben des Paradieses der Wonne." [Koran 26:85]

اللَّهُمَّ إِنِّي أَسْأَلُكَ الْجَنَّةَ وَمَا قَرَّبَ إِلَيْهَا مِنْ قَوْلٍ أَوْ عَمَلٍ، وَأَعُوذُ بِكَ مِنَ النَّارِ وَمَا قَرَّبَ إِلَيْهَا مِنْ قَوْلٍ أَوْ عَمَلٍ.

Allahumma inni as'aluka al-jannata wa ma qarraba ilayha min qawlin aw 'amal, wa a'udhu bika min an-nari wa ma qarraba ilayha min qawlin aw 'amal.

"O Allah, ich bitte Dich um das Paradies und alles, was ihm durch Worte

oder Taten näherkommt, und ich suche Zuflucht bei Dir vor dem Feuer und allem, was ihm durch Worte oder Taten näherkommt." [Sunan Ibn Majah 24]

اللَّهُمَّ إِنِّي أَسْأَلُكَ مُوجِبَاتِ رَحْمَتِكَ، وَعَزَائِمَ مغفِرتِكَ، وَالسَّلَامَةَ مِن كُلِّ إِثمٍ، والغَنِيمَةَ مِن كُلِّ بِرٍّ، وَالفَوْزَ بالْجَنَّةِ، وَالنَّجاةَ مِنَ النَّارِ.

Allahumma inni as'aluka moojibati rahmatika, wa 'aza'ima maghfiratika, was-salamata min kulli ithmin, wal-ghaneemata min kulli birrin, wal-fawza bil-Jannati, wan-najata minan-Nar.

"O Allah, ich bitte Dich um die Mittel zu Deiner Barmherzigkeit, um die Entscheidungen Deines Vergebens, um Sicherheit vor jeder Sünde, um den Gewinn jeder Tugend, um den Erfolg im Paradies und um Rettung vor dem Feuer." [Al-Hakim]

"Dua für die höchsten Stufen des Paradieses (Firdaws)."

اللَّهُمَّ إِنِّي أَسْأَلُكَ الْفِرْدَوْسَ الْأَعْلَى مِنَ الْجَنَّةِ.

Allahumma inni as'aluka al-firdausa al-a'la min al-jannah.

"O Allah, ich bitte Dich um den höchsten Garten, das Firdaws."

عَنْ عُبَادَةَ بْنِ الصَّامِتِ أَنَّ رَسُولَ اللَّهِ (ﷺ) قَالَ: الْجَنَّةُ مِائَةُ دَرَجَةٍ مَا بَيْنَ كُلِّ دَرَجَتَيْنِ مِنْهُمَا كَمَا بَيْنَ السَّمَاءِ وَالْأَرْضِ الْفِرْدَوْسُ أَعْلَاهَا دَرَجَةً مِنْهَا تُفَجَّرُ أَنْهَارُ الْجَنَّةِ الْأَرْبَعَةُ وَمِنْ فَوْقِهَا يَكُونُ الْعَرْشُ وَإِذَا سَأَلْتُمُ اللَّهَ فَاسْأَلُوهُ الْفِرْدَوْسَ.

Laut ʿUbadah ibn as-Samit sagte der Gesandte Allahs (ﷺ): „Der Garten hat hundert Grade. Zwischen jedem zwei Graden liegt der Abstand zwischen dem Himmel und der Erde. Der Firdaws ist der höchste Grad unter ihnen, von dem die vier Flüsse des Paradieses entspringen, und darüber befindet sich der Thron. Wenn ihr Allah bittet, dann bittet Ihn um den Firdaws." [Sunan al-Tirmidhī 2531]

رَبَّنَا وَآتِنَا مَا وَعَدْتَنَا عَلَى رُسُلِكَ وَلَا تُخْزِنَا يَوْمَ الْقِيَامَةِ إِنَّكَ لَا تُخْلِفُ الْمِيعَادَ.

Rabbanaa wa aatinaa maa wa'adtanaa 'alaa rusulika wa laa tukhzinaa yawmal-qiyaamah innaka laa tukhliful-mee'aad.

"Mein Herr, gewähre uns, was Du uns durch Deine Gesandten versprochen hast, und lasse uns am Tag der Auferstehung nicht beschämen. Wahrlich, Du brichst das Versprechen nicht." [Koran 3:194]

رَبَّنَا اصْرِفْ عَنَّا عَذَابَ جَهَنَّمَ إِنَّ عَذَابَهَا كَانَ غَرَامًا، إِنَّهَا سَآءَتْ مُسْتَقَرًّا وَمُقَامًا.

Rabbana asrif 'anna 'adhaba jahannama inna 'adhabaha kana gharama.

"Mein Herr, wende von uns die Strafe der Hölle ab, denn ihre Strafe ist dauerhaft. Wahrlich, sie ist ein schlechter Aufenthaltsort und eine schlechte Wohnstätte." [Koran 25:65-66]

وَلَا تُخْزِنِي يَوْمَ يُبْعَثُونَ يَوْمَ لَا يَنفَعُ مَالٌ وَلَا بَنُونَ إِلَّا مَنْ أَتَى اللَّهَ بِقَلْبٍ سَلِيمٍ.

Wa la tukhzini yawma yub'athoon, yawma la yanfa'u malun wala banun, illa man ata Allaha biqalbin salim.

"Und erniedrige mich nicht am Tag, an dem sie auferweckt werden, am Tag, an dem weder Vermögen noch Kinder nützen werden, außer dem, der mit einem

reinen Herzen zu Allah kommt." [Koran 26:87-89]

Es wurde von Abdullah überliefert, dass der Prophet (ﷺ) jedes Mal, wenn er sich in sein Bett legte, seine rechte Hand unter seine Wange legte und dann diese Dua rezitierte.

اللَّهُمَّ قِنِي عَذَابَكَ يَوْمَ تَبْعَثُ عِبَادَكَ.

Allahumma qinee 'adhabaka yawma tab'athu 'ibaadak.

"O Allah, bewahre mich vor Deiner Strafe am Tag, an dem Du Deine Diener auferwecken wirst." [Sunan Ibn Majah 3877]

رَبَّنَا وَسِعْتَ كُلَّ شَيْءٍ رَّحْمَةً وَعِلْمًا فَاغْفِرْ لِلَّذِينَ تَابُوا وَاتَّبَعُوا سَبِيلَكَ وَقِهِمْ عَذَابَ الْجَحِيمِ رَبَّنَا

وَأَدْخِلْهُمْ جَنَّاتِ عَدْنٍ الَّتِي وَعَدتَّهُمْ وَمَن صَلَحَ مِنْ ءَابَائِهِمْ وَأَزْوَاجِهِمْ وَذُرِّيَّاتِهِمْ إِنَّكَ أَنتَ الْعَزِيزُ

الْحَكِيمُ وَقِهِمُ السَّيِّئَاتِ وَمَن تَقِ السَّيِّئَاتِ يَوْمَئِذٍ فَقَدْ رَحِمْتَهُ وَذَٰلِكَ هُوَ الْفَوْزُ الْعَظِيمُ .

Rabbanaa wasi'ta kulla shay'in rahmatan wa 'ilman faghfir lilladheena taaboo wattaba'oo sabeelaka wa qihim 'adhaabal-jaheem. Rabbanaa wa adkhilhum jannati 'adninil-latee wa'attahum wa man salaha min aaba'ihim wa azwaajihim wa dhurriyyatihim innaka antal-Azeezul-Hakeem. Waqihimus-sayyi'at wa man taqis-sayyi'ati yawma'idhin faqad rahimtah, wa dhalika huwal-fawzul-'atheem.

"O unser Herr, Du umschließt alles mit Deiner Barmherzigkeit und Deinem Wissen. Vergib daher denen, die sich reuen und Deinem Weg folgen, und beschütze sie vor der Strafe der Hölle. O unser Herr, lass sie in die Gärten von Eden eintreten, die Du ihnen versprochen hast, sowie auch die, die unter ihren Vätern, ihren Frauen und ihren Nachkommen Gutes getan haben. Wahrlich, Du bist der Allmächtige, der Weise. Und beschütze sie vor den schlechten Taten. Und wen Du an diesem Tag vor den schlechten Taten schützt, dem hast Du Barmherzigkeit erwiesen. Und das ist der große Erfolg." [Koran 40:7-9]

Duas, um Schutz vor der Strafe des Grabes und den Prüfungen zu bitten.

اللَّهُمَّ إِنِّي أَعُوذُ بِكَ مِنْ عَذَابِ جَهَنَّمَ وَعَذَابِ الْقَبْرِ، وَ مِنْ فِتْنَةِ الْمَحْيَا وَالْمَمَاتِ وَ مِنْ شَرِّ فِتْنَةِ الْمَسِيحِ الدَّجَّالِ .

Allahumma inni a'oodhu bika min 'adhaabi Jahannam wa 'adhaabil-qabr, wa min fitnatil-mahyaa wal-mamaat wa min sharri fitnatil-Maseehid-Dajjaal.

"O Allah, ich suche Zuflucht bei Dir vor der Strafe der Hölle und der Strafe des Grabes, vor den Prüfungen des Lebens und des Todes, und vor dem Übel der Versuchung des falschen Propheten, des Dajjâl." [Sahih al-Bukhari 1377, Sahih Muslim 588]

جَاءَ عَنْ أَبِي هُرَيْرَةَ قَالَ قَالَ رَسُولُ اللَّهِ (ﷺ) إِذَا تَشَهَّدَ أَحَدُكُمْ [وفي رواية : إِذَا فَرَغَ أَحَدُكُمْ مِنْ التَّشَهُّدِ الْآخِرِ] فَلْيَسْتَعِذْ بِاللَّهِ مِنْ أَرْبَعٍ يَقُولُ اللَّهُمَّ إِنِّي أَعُوذُ بِكَ مِنْ عَذَابِ جَهَنَّمَ وَمِنْ عَذَابِ الْقَبْرِ وَمِنْ فِتْنَةِ الْمَحْيَا وَالْمَمَاتِ وَمِنْ شَرِّ فِتْنَةِ الْمَسِيحِ الدَّجَّالِ .

Es wurde von Abu Hurayra überliefert, dass der Gesandte Allahs (ﷺ) sagte: "Wenn einer von euch das Tschahhud rezitiert [und in einer anderen Überlieferung: Wenn einer von euch das letzte Tschahhud beendet], soll er Allah um Schutz vor vier Dingen bitten, indem er sagt: O Allah, ich suche Zuflucht bei Dir vor der Strafe der Hölle, vor der Strafe des Grabes, vor den Prüfungen des Lebens und des Todes, und vor dem Übel der Versuchung des falschen Propheten, des Dajjâl."

فَاطِرَ السَّمَاوَاتِ وَالْأَرْضِ أَنتَ وَلِيِّي فِي الدُّنْيَا وَالْآخِرَةِ تَوَفَّنِي مُسْلِمًا وَأَلْحِقْنِي بِالصَّالِحِينَ .

Faatiras-samaawaati wal-ardhi anta waliyyee fid-dunya wal-aakhirah tawaffanee musliman wa alhiqnee bis-saaliheen.

"Schöpfer der Himmel und der Erde, Du bist mein Beschützer in dieser Welt und im Jenseits. Lass mich als Unterwerfer (Muslim) sterben und führe mich zu den Frommen." [Koran 12:101]

رَبِّ ابْنِ لِي عِندَكَ بَيْتًا فِي الْجَنَّةِ .

Rabbi ibni lee 'indaka baytan fi al-jannah.

"Mein Herr, baue für mich in Deiner Nähe ein Haus im Paradies." [Koran 66:11]

سَأَلْتُ عَائِشَةَ مَاذَا كَانَ النَّبِيُّ (ﷺ) يَفْتَتِحُ بِهِ قِيَامَ اللَّيْلِ، قَالَتْ: لَقَدْ سَأَلْتَنِي عَنْ شَيْءٍ مَا سَأَلَنِي عَنْهُ أَحَدٌ قَبْلَكَ، كَانَ يُكَبِّرُ عَشْرًا، وَيَحْمَدُ عَشْرًا، وَيُسَبِّحُ عَشْرًا، وَيَسْتَغْفِرُ عَشْرًا، وَيَقُولُ: اللَّهُمَّ إِنِّي أَعُوذُ بِكَ مِنْ ضِيقِ الدُّنْيَا وَضِيقِ يَوْمِ الْقِيَامَةِ عَشْرًا، ثُمَّ يَفْتَحُ الصَّلَاةَ .

Allahumma inni a'udhu bika min diqi al-dunya wa-diqi yawmi al-qiyamah.

Ich fragte Aïcha, womit der Prophet (ﷺ) seine Nachtgebete begann. Sie sagte: "Du hast mich nach etwas gefragt, das niemand zuvor gefragt hat. Er

begann damit, zehnmal 'Allahou Akbar' zu sagen, lobte Allah zehnmal, machte Tasbih (verherrlichte Allah) zehnmal, bat zehnmal um Vergebung und sagte: O Allah, ich suche Zuflucht bei Dir vor der Enge dieser Welt und der Enge des Tages der Auferstehung, zehnmal, bevor er mit seinem Gebet begann."
[Ibn Majah 1123, Abu Daoud 5058]

Allahumma hasibni hisaban yasira.

"O Allah, mach mein Urteil zu einem leichten Urteil." [Musnad Ahmed 24261]

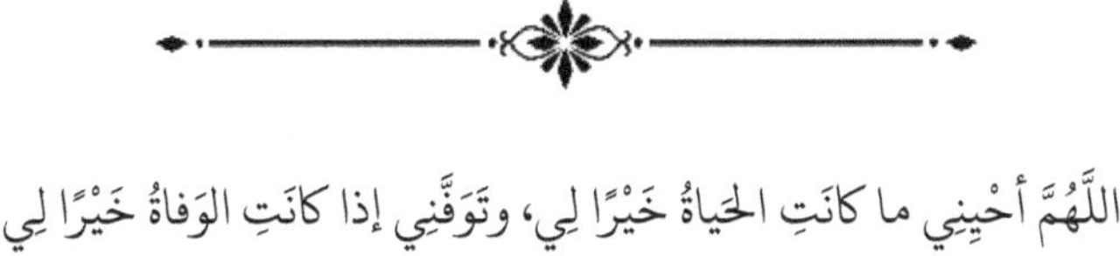

Allahumma ahyini ma kanat al-hayatu khayran li, wa tawaffani idha kanat al-wafaatu khayran li.

"Oh Allah, lass mich leben, solange das Leben besser für mich ist, und lass mich sterben, wenn der Tod besser für mich ist." [Sahih Bukhari 6351]

Rabbana ma khalaqta hadha batila subhanaka faqina ʿadhaba al-nar.

"Unser Herr, Du hast dies nicht umsonst erschaffen. Gepriesen seist Du! Bewahre uns vor der Strafe des Feuers." [Koran 3:191]

رَبَّنَآ إِنَّكَ مَن تُدْخِلِ ٱلنَّارَ فَقَدْ أَخْزَيْتَهُۥ وَمَا لِلظَّٰلِمِينَ مِنْ أَنصَارٍ .

Rabbana innaka man tudkhili al-nara faqad akhzaytahū wa ma lia-zalimina min ansar.

"Unser Herr, den Du ins Feuer eintreten lässt, den hast Du wahrlich gedemütigt, und für die Ungerechten gibt es keine Helfer." [Koran 3:192]

رَبَّنَا لَا تَجْعَلْنَا مَعَ ٱلْقَوْمِ ٱلظَّٰلِمِينَ .

Rabbanaa laa taj'alnaa ma'al qawmiz zaalimeen

"Unser Herr, stelle uns nicht unter das Volk der Ungerechten." [Koran 7:47]

Dua für die Istikhara

Istikhara: Das Gebet um Führung

Das Istikhara-Gebet ist ein besonderes Gebet im Islam, das verrichtet wird, wenn eine Person die Führung Allahs (ﷻ) in Bezug auf eine Angelegenheit oder eine spezielle Entscheidung, die sie treffen muss, sucht. Der Begriff "Istikhara" bedeutet, das Gute oder die Führung von Allah (ﷻ) zu suchen.

Wie man das Istikhara-Gebet verrichtet:

Es handelt sich darum, zwei Einheiten (Rak'ahs) eines nicht verpflichtenden Gebets (Nafl) zu beten, zu jeder Zeit, die nicht unerwünscht ist, mit der Absicht, die Führung Allahs (ﷻ) zu suchen. Es gibt keine spezifischen Suren, die erforderlich sind, daher können wir die Suren rezitieren, die wir nach der Sure Al-Fatiha wünschen.

Nachdem wir die beiden Rak'ahs beendet haben, rezitieren wir das folgende Gebet:

اللَّهُمَّ إِنِّي اسْتَخِيرُكَ بِعِلْمَكَ، وَأَسْتَقْدِرُكَ بِقُدْرَتِكَ، وَأَسْأَلُكَ مِنْ فَضْلِكَ الْعَظِيمِ، فَإِنَّكَ تَقْدِرُ وَلَا أَقْدِرُ، وَتَعْلَمُ، وَلَا أَعْلَمُ، وَأَنْتَ عَلَّامُ الْغُيُوبِ، اللَّهُمَّ إِنْ كُنْتَ تَعْلَمُ أَنَّ هَذَا الْأَمْرَ- خَيْرٌ لِي فِي دِينِي وَمَعَاشِي وَعَاقِبَةِ أَمْرِي- عَاجِلِهِ وَآجِلِهِ- فَاقْدُرْهُ لِي وَيَسِّرْهُ لِي ثُمَّ بَارِكْ لِي فِيهِ، وَإِنْ كُنْتَ تَعْلَمُ أَنَّ هَذَا الْأَمْرَ شَرٌّ لِي فِي دِينِي وَمَعَاشِي وَعَاقِبَةِ أَمْرِي- عَاجِلِهِ وَآجِلِهِ- فَاصْرِفْهُ عَنِّي وَاصْرِفْنِي عَنْهُ وَاقْدُرْ لِيَ الْخَيْرَ حَيْثُ كَانَ ثُمَّ أَرْضِنِي بِهِ.

Allaahumma 'innee 'astakheeruka bi'ilmika, wa 'astaqdiruka biqudratika, wa 'as'aluka min fadhtikal-'Adheemi, fa'innaka taqdiru wa laa 'aqdiru, wa ta'lamu, wa laa 'a'lamu, wa 'Anta 'Allaamul-Ghuyoobi, Allaahumma 'in kunta ta'lamu 'anna haathal-'amra-[then mention the thing to be decided] Khayrun lee fee deenee wa ma'aashee wa 'aaqibati 'amree - [or say] 'Aajilihi wa 'aajilihi - Faqdurhu lee wa yassirhu lee thumma baarik lee feehi, wa 'in kunta ta'lamu 'anna haathal-'amra sharrun lee fee deenee wa ma'aashee wa 'aaqibati 'amree - [or say] 'Aajilihi wa 'aajilihi - Fasrifhu 'annee wasrifnee 'anhu waqdur liyal-khayra haythu kaana thumma 'ardhinee bihi.

"Ô Allah, ich bitte Dich, mich durch Dein Wissen zu leiten, und ich suche Hilfe durch Deine Macht, und ich bitte Dich, mir von Deiner großen Gnade zu geben. Wahrlich, Du bist der Allmächtige, und ich bin es nicht; Du weißt, und ich weiß nicht, und Du bist der Kenner der unsichtbaren Dinge. Oh Allah, wenn Du weißt, dass diese Angelegenheit gut für mich ist in meiner Religion, meinem Leben und dem Ausgang meiner Angelegenheiten, sowohl unmittelbar als auch zukünftig, dann bestimme sie für mich, erleichtere sie mir, und segne sie für mich. Und wenn Du weißt, dass diese Angelegenheit schlecht für mich ist in meiner Religion, meinem Leben und dem Ausgang meiner Angelegenheiten, sowohl unmittelbar als auch zukünftig, dann wende sie von mir ab und wende mich von ihr ab, und bestimme für mich das Gute, wo auch immer es sei, und lass mich mit dem zufrieden sein." [Sahih Bukhari 7:162]

Nachdem Sie das Istikhara-Gebet verrichtet haben, setzen Sie Ihr Vertrauen in Allah (ﷻ) und treffen Sie eine Entscheidung. Das Ergebnis kann sich durch ein Gefühl der Leichtigkeit, eine sich bietende Gelegenheit oder andere Zeichen äußern, die Sie zur besten Wahl führen.

Seien Sie geduldig, manchmal ist die Antwort möglicherweise nicht sofort klar. Beobachten Sie weiterhin und vertrauen Sie darauf, dass Allah (ﷻ) Sie zu dem Besten für Sie führen wird.

Gebete für den Propheten Muhammad ()

إِنَّ ٱللَّهَ وَمَلَـٰٓئِكَتَهُۥ يُصَلُّونَ عَلَى ٱلنَّبِىِّ ۚ يَـٰٓأَيُّهَا ٱلَّذِينَ ءَامَنُوا۟ صَلُّوا۟ عَلَيْهِ وَسَلِّمُوا۟ تَسْلِيمًا

"Allah (ﷻ) sagt: 'Wahrlich, Allah und Seine Engel senden Segnungen auf den Propheten. Oh ihr, die ihr glaubt, sendet Segnungen auf ihn und grüßt ihn mit Frieden.'" [Koran 33:56]

Das Senden von Segnungen auf den Propheten Muhammad (ﷺ) ist eine Praxis von großer Bedeutung. Bekannt als "Salat al-Nabi", ist dieser Akt tief in den Lehren des Korans und der Hadithe verwurzelt. Es bedeutet nicht nur die tiefe Liebe und den Respekt eines Gläubigen für den Propheten, sondern bietet auch zahlreiche spirituelle Belohnungen und Fürsprache. Die folgenden Hadithe beleuchten die immensen Tugenden und Vorteile dieser geschätzten Praxis.

- "Wer sagt: 'Oh Allah, sende Segnungen auf Muhammad und gewähre ihm den Rang der Nähe zu Dir am Tag der Auferstehung', der wird meine Fürsprache erhalten." [At-Tabarani]
- "Wer mir einmal Segnungen sendet, dem wird Allah zehnmal im Gegenzug Segnungen senden." [Muslim]

- "Niemand grüßt mich, ohne dass Allah meine Seele zurücksendet, damit ich auf seinen Gruß antworten kann." [von Abu Dawood]
- "Der beste Tag unter euch ist der Freitag, also erhöht an diesem Tag die Segnungen über mich, denn sie erreichen mich immer." [al-Nasa'i]

اللَّهُمَّ صَلِّ وَسَلِّمْ عَلَى سَيِّدِنَا مُحَمَّدٍ وَعَلَى آلِهِ وَصَحْبِهِ وَسَلِّمْ تَسْلِيمًا كَثِيرًا.

Allahumma salli wa sallim 'ala sayyidina Muhammad wa 'ala aalihi wa sahbihi wa sallim tasliman kathiran.

"Ô Allah, lass das Gebet und den Frieden über unseren Meister Muhammad sowie über seine Familie und seine Gefährten kommen, und gewähre ihnen einen reichlichen Gruß."

اللَّهُمَّ صَلِّ وَسَلِّمْ وَبَارِكْ عَلَى نَبِيِّنَا مُحَمَّدٍ وَعَلَى آلِهِ وَصَحْبِهِ أَجْمَعِينَ.

Allahumma salli wa sallim wa barik 'ala nabiyyina Muhammad wa 'ala aalihi wa sahbihi ajma'in.

"Ô Allah, lass das Gebet, den Frieden und die Segnungen über unseren Propheten Muhammad sowie über seine Familie und alle seine Gefährten kommen."

اللَّهُمَّ صَلِّ عَلَى مُحَمَّدٍ وَعَلَى آلِ مُحَمَّدٍ كَمَا صَلَّيْتَ عَلَى إِبْرَاهِيمَ وَعَلَى آلِ إِبْرَاهِيمَ إِنَّكَ حَمِيدٌ مَجِيدٌ.
اللَّهُمَّ بَارِكْ عَلَى مُحَمَّدٍ وَعَلَى آلِ مُحَمَّدٍ كَمَا بَارَكْتَ عَلَى إِبْرَاهِيمَ وَعَلَى آلِ إِبْرَاهِيمَ إِنَّكَ حَمِيدٌ مَجِيدٌ.

Allahumma salli 'ala Muhammad wa 'ala ali Muhammad kama sallayta 'ala Ibrahim wa 'ala ali Ibrahim, innaka Hamidun Majid. Allahumma barik 'ala Muhammad wa 'ala ali Muhammad kama barakta 'ala Ibrahim wa 'ala ali Ibrahim, innaka Hamidun Majid.

"Ô Allah, sende Segnungen auf Muhammad und die Familie von Muhammad, wie Du Segnungen auf Ibrahim und die Familie von Ibrahim gesandt hast. Wahrlich, Du bist der Lobenswerte, der Erhabene. Ô Allah, segne Muhammad und die Familie von Muhammad, wie Du Ibrahim und die Familie von Ibrahim gesegnet hast. Wahrlich, Du bist der Lobenswerte, der Erhabene."

NOTIZEN

NOTIZEN

NOTIZEN